쇼펜하우어, 나를 깨우다

일러두기
───────

* 이 책의 내용 중 일부는 쇼펜하우어가 노년에 쓴 대표적 저작물인 《여록과 보유*Parerga und Paralipomena*》 중 철학, 논리학, 지성에 관한 부분을 옮겨온 것이다.

쇼펜하우어, 나를 깨우다

멈춘 사유의 감각을 되살리는 51가지 철학

아르투어 쇼펜하우어
김욱 편역

Reda

편역자의 글

쇼펜하우어는 역사에 기록된 철학자 중 가장 문제적인 인물이다. 그는 철학의 근본 문제, 다시 말해 '어떻게 살아야 할 것인가' 혹은 '무엇을 추구해야 더욱 바람직한 인생을 살아갈 수 있는가'에 대해 고민하는 대신, 되도록 빨리 그리고 아무런 흔적도 남기지 않고 어떻게 해야 '이 불합리한 현실의 굴레에서 사라질 수 있는가'를 고민했다.

생전에 그의 철학은 이단이라고 할 만큼 냉대를 받았고, 다른 철학자들로부터 미치광이에 불과하다는 평가를 받아왔으나 역설적이게도 오늘날 쇼펜하우어는 대중에게 가장 익숙한 철학자 중 한 사람으로 평가받고 있다.

그 이유는 당시 철학의 주류가 인간이 만들어낸 도덕이나 법, 윤리, 종교처럼 관념만을 인정하는 소모적인 논쟁이었던 데 반해, 쇼펜하우어는 인간의 실존 자체를 철학의 목적이자 궁극적인 진리로 삼았기 때문이다. 다시 말해 동시대 철학자들이 철학에, 철학에 의한, 철학을 위한 철학만을 고집하고 있을 때 쇼펜하우어는 '인간의 의지와 표상'을 주목했던 것이다.

쇼펜하우어의 철학은 칸트가 남긴 인식론에서 출발했지만, 칸트처럼 인식이라는 인간의 고유한 기능에 매몰되기보다는 인식을 좌우하는 인간의 표상과 형태에 천착했다. 이는 그의 시대에만 해도 불가침의 영역에 대한 선전포고였으며, 어릿광대의 유희에 불과하다고 여겨졌다. 그러나 쇼펜하우어가 철학의 주제로 실질적인 인간의 의지를 선택한 까닭은 철학의 근본을 회복시켜야 한다는 확고한 믿음이 있었기 때문이다.

쇼펜하우어가 살아가던 시절, 독일 사상계는 관념

론의 완성을 눈앞에서 보는 듯했다. 셸링과 피히테, 헤겔처럼 한 시대에 한 번 나올까 말까 한 천재들의 등장으로 철학은 그 어느 때보다 왕성한 생명력을 자랑했다. 하지만 아이러니하게도 쇼펜하우어는 철학이 가장 역동하는 시기에 철학의 죽음을 목격했다. 더 정확하게 표현하자면 철학의 주체인 인간의 몰락을 예언했다. 철학이 인간의 관념에 파묻혀 인식의 본질인 인간을 지워버리는 그로테스크한 세계를 바라봤던 것이다. 쇼펜하우어의 절망은 바로 여기에서 비롯되었다.

실제로 쇼펜하우어는 평생을 절망 속에 살아간 인물이다. 그는 철학자가 아닌 장사꾼의 아들로 태어났기에 자신의 근본에 대해 절망했고, 어머니가 죽은 아버지를 그토록 쉽게 잊어버리는 것을 보곤 사랑의 부질없음에 절망했으며, 세상이 자신의 철학을 이해하지 못하는 고독 속에서 절망했다. 그리고 무엇보다 자신이 그러한 세상을 이해할 수 없었기에 더욱 절망했다.

보기에 따라서는 쇼펜하우어의 철학을 절망의 철학이라 해도 무리는 아니다. 그러나 쇼펜하우어가 말하는 염세厭世는 흔히 말하는 절망적이고 비관적인 염세가 아니다. 한 시대의 몰락을 통해 새로운 시대가 잉태되는, 다시 말해 새로운 시대의 탄생을 위해 현재의 시대가 스스로 소멸을 선택하는 희생적인 비관이다.

그런 의미에서 쇼펜하우어의 철학은 넓은 의미에서 낙관주의라고 할 수 있을 것이다. 그에게 소멸은 단지 소멸로 그치는 것이 아니라 새로운 생명의 약동, 새로운 시대의 부흥, 새로운 가치관의 성립과 동일한 의미였다. 그렇기 때문에 생전에 쇼펜하우어가 추구했던 세계관은 셸링과 피히테, 헤겔이 지향했던 철학보다 더 오래, 오늘날까지도 그 생명을 유지할 수 있었다.

쇼펜하우어는 자신의 대표작인 《의지와 표상으로서의 세계》에서 '살아남고자 하는 의지'에 대해 역설했다. 모든 생명은 살아남기를 소망하는데, 쇼펜하우어는 이 살아남고자 하는 의지가 바로 욕망의 본질이라고 생각했다. 그리고 가장 순수한 욕망이야말로 물질에 불과할 수밖에 없는 인간의 삶을 영원히 지워지지 않는 해탈의 경지로 인도하는 구원이라고 확신했다. 따라서 그가 말한 비관론은 순수한 욕망만이 남겨지기를 희구하는 모든 인간의 잠재된 본능이라고 할 수 있다.

쇼펜하우어가 바라보는 인간의 사물에 대한 인식은 끝없는 욕망이 반복되는 거대한 시간이다. 이 욕망의 공허함 속에서 인간의 고뇌가 시작된다. 그렇기 때문에 쇼펜하우어는 삶이란 그저 고통에 지나지 않는다고 정의했던 것이다. 그러나 한편에서는 삶이 고통일 수밖에 없으므로 고통에서 해방되고자 하는 인간의 욕망이 발생하기 마련이다. 쇼펜하우어가 생각했던 철학의 의미가 바로 여기에 있다. 고통에서 벗어나고자 하는 욕망, 다시 말해 현재의 '나'가 아닌 진정한 '나'를 찾고자 하는 '의지'야말로 인간의 본질이며, 철학이 존재할 수밖에 없는 이유라고 생각했던 것이다.

그러므로 쇼펜하우어가 주장하는 철학의 세계는 더욱 적극적이며, 그가 말하는 욕망은 가장 순수한 의미의 욕망이다. 이 욕망의 현상이 바로 인간이며, 인간의 모든 활동은 욕망을 표상하는 의지의 발현이다. 이런 사실을 간과한 채 단순한 현상과 인간의 욕망에서 비롯된 결과에 지나지 않는 관념들을 추구하던 기존의 철학은 쇼펜하우어에겐 결코 이해되지 않는, 그리고 이해할 수도 없는 절망이었던 셈이다.

쇼펜하우어의 철학은 우리 삶과 세계가 단순한 원리나 공식으로 설명되지 않는다는 사실을 일깨워준다. 그의 사유는 삶의 본질과 세계의 현상에 대한 깊은 성찰을 요구한다. 하지만 바로 그 진지함 덕분에 자신의 삶을 스스로 사랑하고, 매일매일을 자기 의지로 살아가려는 독자라면 쇼펜하우어의 통찰에 깊이 공감하게 될 것이다. 그리고 그 사유의 여정을 함께하는 즐거움은 생각보다 더 클 것이라 믿어 의심치 않는다.

편역자 김욱

| 차례 |

편역자의 글 —— 004

1부 | 인생이란 무엇인가

태어났다는 사실,

그것이야말로 생의 최초의 불행

자신의 가치를 타인의 평가에 묶어두지 마라 —— 016

타인을 본다는 착각, 그리고 자신을 안다는 착각 —— 020

마음을 비워야 비로소 원하던 것이 떠오른다 —— 023

행복해지고자 하는 의지를 버릴 때 얻을 수 있는 것 —— 026

바뀐 건 세상일까, 아니면 내 마음일까 —— 029

인생이란 설계도가 주어지지 않고

이루어지는 건축이기에 —— 032

인간은 타인을 용서하지 않는다 —— 036

힘들어도 사람에게 기대면 안 되는 이유 —— 039

아무리 열심히 살아도

채워지지 않는 공허함에 대하여 —— 044

태어났다는 사실, 그것이야말로 생의 최초의 불행 —— 047

한 살 더 먹었다는 것, 한결 더 깊어졌다는 뜻 —— 051

지금 당신이 하는 말은 누군가가 쓴 문장일지도 —— 057

왜 같은 실수를 반복하면서도 바로잡지 않을까 —— 060

지혜를 자기 밖에서 구하지 마라 —— 067

어리석은 자의 말에도 귀를 기울여야 하는 이유 —— 069

머리가 좋다고 머리를 믿지는 마라 —— 074

예술은 왜 고통의 틈에서 태어나는가 —— 083

2부 ‖ 진리란 무엇인가

삶이 이토록 찢기는 동안에도

그 열매는 익어가고 있음을

천재는 두 개의 지성을 타고난다 —— 092

삶이 이토록 찢기는 동안에도

그 열매는 익어가고 있음을 —— 094

그들은 죽은 후에야 그 존재를 허락받는다 —— 098

살아가며 기대할 수 있는

유일한 기쁨은 결과가 아닌 노력 —— 104

괴테의 정신은 지워지고,

괴테의 생가만 전시되는 사회 —— 110

그럼에도 불구하고 고독을 선택한 이들에 대하여	—— 116
정말 사물이 '있는 그대로' 볼 수 있을까	—— 121
우리는 왜 표상만 맴도는가	—— 124
자연은 답하고 있다, 우리가 잘못 묻고 있을 뿐	—— 128
보이지 않아도 존재하는 것들	—— 133
생각이 깊은 사람은 왜 현실에 약할까	—— 140
지금 '철학자'인 사람들에게 묻습니다	—— 145
대중은 사상가의 이름을 권위로 받아들인다	—— 147
온전히 이해할 수 있는 대상은 오직 자기 자신뿐	—— 152
스스로의 힘으로 본 것이 아니라면 의미가 없다	—— 155
머리만 있고 심장은 없는 철학에게	—— 157

3부 ‖ 철학이란 무엇인가

> 흐르는 물을 좇기만 하면
>
> 나의 강은 생기지 않는다

알지 못하는 것을 알지 못한다고 고백했을 때	—— 162
완전하지 않다, 그럼에도 불구하고 진리다	—— 165
상대에게 반박하기 전에 먼저 건네야 하는 말	—— 168
거짓보다 더 위험하고 집요한 것	—— 171

흐르는 물을 좇기만 하면 나의 강은 생기지 않는다 —— *173*

의지에서 태어난 지성의 목소리 —— *176*

모든 존재는 내가 인식할 때 비로소 존재한다 —— *178*

쉬어야만 보이는 것들 —— *182*

그 누구도 항상 빛날 수는 없음을 —— *185*

배움은 흥미를 양분 삼는다 —— *188*

진정한 사유는 고요의 틈에서 태어난다 —— *196*

감각은 진리를 담아낼 수 있는가 —— *200*

시간은 흐르지 않는다, 우리가 만들어낸 개념일 뿐 —— *205*

모든 공간은 주관의 투영이다 —— *220*

의지의 그림자에 불을 밝히는 것, 지성 —— *225*

자기 자신을 들여보다가 길을 잃을지도 —— *227*

세계를 만든 건 두뇌가 아닌 욕망 —— *231*

최고의 철학자는
다른 어떤 분야에도 눈길을 주지 않는다 —— *235*

1부

인생이란 무엇인가

태어났다는 사실,
그것이야말로 생의 최초의 불행

자신의 가치를
타인의 평가에 묶어두지 마라

Arthur Schopenhauer

　나는 행복에 대해 아주 오랫동안 생각했다. 그것은 마치 물 위에 뜬 안개처럼 가까이 있는 듯 잡히지 않으며 손에 닿는 순간 흩어진다. 그러나 많은 이가 여전히 안개를 좇는다. 그들은 건강, 미모, 명예, 부, 지위, 존경 같은 것들로 자신을 치장하며 그것이 행복의 조건이라고 믿는다. 그러나 나는 의심한다. 과연 그러한 것들이 진정으로 인간을 만족시킬 수 있는가? 아니, 그 이전에 만족이라는 것이 실존할 수 있는가?

　나는 인간의 행복을 세 갈래로 나눴다. 첫째는 내

적 자질, 즉 육체와 정신의 기본적인 조건이다. 건강, 힘, 아름다움, 기질, 지성과 같은 것들이 여기에 속한다. 둘째는 외적 소유, 즉 인간이 소유하고 있는 것들이다. 재산, 지위, 권력, 명예, 혹은 심지어 가문과 같은 우연적 소유물이다. 셋째는 타인의 평가, 다시 말해 타인의 인정을 통해 얻어지는 존재의 외부적 윤곽이다.

이 세 가지를 많은 이가 혼동하며 뒤섞지만 나는 분명히 말할 수 있다. 진정한 행복은 오직 첫 번째 조건에서만 유래한다. 건강을 중시하는 것은 고통 없는 삶이야말로 모든 기쁨의 토대이기 때문이다. 병든 인간에겐 그 어떤 명성도, 그 어떤 지위도 의미가 없다. 기쁨은 건강한 몸을 전제로 하고, 고통은 그 전제 자체를 무너뜨린다.

그런데 대부분의 사람은 명예가 더 중요하다고 생각한다. 그들은 타인의 평가를 자기 존재의 진실로 오인한다. 그렇다면 명예란 무엇인가? 그것은 당신이 누구인가에 대한 타인의 오해다. 나는 그것을 바닷물에 비유하곤 했다. 마시면 마실수록 더 갈증을 느끼게 만드는 치명적인 유혹의 물과 같다. 명성을 좇는 자는 끝내 자신을 잃는다. 왜냐하면 그는 외부의 눈으로 자기 자신을 바라보기 때문이다. 그리고 끝내 자신을 바라봐 주던 그 눈동자가 사라졌을 때, 자기 자신도 함께 사라져버린다.

나는 타인이 아닌 고전의 인물들로부터 위안을 얻었다. 피타고라스와 에픽테토스 같은 사상가들은 모두 내면에 귀 기울인 자들이다. 나는 그들이 남긴 글을 통해 스스로를 위로했다. 세상이 나를 알아보지 못하더라도 내가 나 자신을 아는 것으로 충분하다고 자평해왔다. 사실 진리는 타인의 박수 속에 존재하지 않는다는 것을 믿게 되기까지 오랜 시간이 걸렸다.

사람들은 종종 명예를 잃으면 자신의 품위가 손상되었다고 느낀다. 하지만 명예를 지킨다는 것은 남의 시선을 지키는 일일 뿐, 진정한 자아와는 무관하다. 명성은 간혹 생전에 얻어지지 않는다. 시류의 흐름에 따라 언제든 잊힐 수 있고, 때로는 죽은 뒤에야 평가가 올라간다. 내가 존경했던 작가들, 글로 진실을 말했던 자들은 그들의 시대를 초월해 모든 시대에서 살아남았다. 하지만 그들 대부분은 생전에 가난했고 외면당했다.

그래서 나는 '무無'에 대해 말하기 시작했다. 무의 충만함. 아무것도 갖지 못했지만 결핍을 느끼지 않는 상태, 그리고 아무것도 바라지 않지만 허기를 느끼지 않는 상태. 그곳에 이르기 위해서는 내면의 독립과 정신의 풍요로움이 필수적이다. 외부로부터 무엇을 얻지 않고도 견디는 자, 외부의 인정 없이도 살 수 있는 자가 진정으로 되고 싶었다.

나는 지금껏 그렇게 살아오려고 노력했다. 실제로 많은 것을 거절했다. 명예, 부, 사회적 위치, 학문적 지위 등을 외면했다. 내게는 글을 쓸 수 있는 방, 걸어갈 수 있는 산책길, 그리고 침묵을 지켜주는 사유가 있었고 그것만으로도 만족스러웠다. 나는 그런 삶을 비참하다고 여기지 않았다. 오히려 그 안에 진정한 고귀함이 있다고 믿었다. 대중의 환호를 얻지는 못했지만 그것이 나를 비참하게 만들지는 못했다.

이것이 내가 말하는 진정한 삶이다. 행복을 부정하면서도, 그 부정을 통해 깊은 평정을 얻는 삶. 나는 그것이야말로 궁극의 삶이라 믿어 의심치 않는다.

타인을 본다는 착각,
그리고 자신을 안다는 착각

Arthur Schopenhauer

평범한 인간의 지성이 얼마나 한정되어 있으며, 또 명백해야 할 의식이 얼마나 희미하게 꺼져가고 있는지를 확인시켜주는 사실을 통해 우리는 다음과 같은 결론을 내릴 수 있다.

무한한 시간 속에 던져진 인간의 덧없이 짧은 생명, 인간적인 존재로서의 무의미한 가치와 현상의 의미는 여전히 비밀에 싸여 있고, 대부분은 이런 것들에 완전히 무관심하며, 단 한 번도 자신에 대한 철학적 사고를 시도한 적이 없다. 단지 소수의 사람들만이 철학에 종사하고 있는 현실을 통해 나는 인류의 멸망이 그다지 먼 미래의 이야기가 아니라는 점을 깨닫는다. 철학자를 제외한 절대다수의 사람이 여전히 꿈속을 헤매며 짐승처럼 살아가고 있다. 이들이 짐승과 다른 점은 몇 년 앞에 벌어질 일들을 미리 걱정한다는 점뿐이다.

그들에게 필요한 형이상학적 요구는 종교를 통해 철저히 차단되어 있다. 어떤 종교든 이러한 격리의 선두에 있으며, 인간은 아이러니하게도 그 안에서 만족을 얻는다. 깨닫지 못함으로써 불행을 인지하지 못하고, 불행을 인지하지 못하기에 자신이 불행하지 않다고 착각하는 것이다. 이 같은 상황에도 불구하고, 예상 외로 많은 사람들이 자신만의 고유한 철학적 사색을 유지하고 있다. 인간을 만족시킬 수 있는 유일한 목적은 자기 자신이기 때문이다.

끝내 모든 인간은 한순간을 살기 위해 이토록 많은 대가를 지불해야 한다는 사실에 절망한다. 결과적으로 삶의 끝은 죽음인데, 죽음으로 향하는 이 암울한 인생마저 고통과 불안과 실망으로 가득 차 있다. 어디서 왔으며 어디를 향하는지, 또 무엇을 위해 사는 것인지 아무런 해답도 내리지 못한 채 본인의 의사와 상관없이 주어지는 하루하루의 시간을 그저 꾸역꾸역 살아가는 것이다. 그것으로도 모자라 수많은 종파로 나누어진 종교는 자신만이 해독할 수 있는 계시를 내세워 믿지 않는 자들을 협박해댄다.

그렇기에 우리는 다음과 같은 사실을 명심해야 한다. 모든 인간은 서로 바라보고 교류하고 있다. 그러나 실상은 가면이 가면을 바라보는 것처럼 그 안에 무엇이 존재하는지 모르고 있다. 우리는 단 한 번도 자신이 누구인지 확인하지 못한 가면이다.

마음을 비워야
비로소 원하던 것이 떠오른다

Arthur Schopenhauer

　인간의 사유 활동 중 절반 정도는 아무런 의식 없이 진행된다는 사실은 이제 더 이상 새삼스러울 것도 없다. 그러므로 우리가 행하는 사유 중 대부분은 전제가 명확하지 않은 상태에서 도출된 결론인 셈이다.

　이 점은 다음에 살펴볼 사실에서 추리할 수 있다. 즉 우리가 결과를 예측할 수 없고, 또 우리 자신에게 어떤 영향을 끼치게 될지 명확히 측정할 수 없는 상황이 기분을 상쾌하게 만들기도 하고 우울하게 만드는 등 인간의 감정에 정확하게 파악되지 않는 영향을 미치고 있다는 점이다. 이것이 바로 무의식에 지배받는 사유의 결과이다.

이를 통해 우리는 한 가지 사실을 깨닫게 된다. 어떤 이론적, 혹은 실천적 현상의 실제적 재료에 대해 두 번 다시 생각하지 않는 상태를 2, 3일 정도 지속하다 보면 그 현상이 어떤 이유를 통해 현실화되며, 또 자신이 어떻게 대처해야 할 것인지 저절로 떠오르게 된다는 것이다.

인간의 지성에는 이런 작용이 마치 계산기처럼 감춰져 있다. 이를 무의식에 지배받는 사유라고 정의한다. 예를 들어 내가 어떤 테마에 대해 간단히 글을 쓴 후, 이 경험을 이제 완전히 잊어버렸다고 생각되었을 때 오히려 그 테마가 더욱 명확히 머릿속에 떠오르는 것을 느끼는 경우가 종종 있다. 이처럼 잊어버린 어떤 사물의 이름에 대해 그것을 반드시 생각해내고야 말겠다는 강한 집념을 보일 때는 전혀 생각이 나지 않는다. 그러다 이제 더 이상 생각하지 않겠다고 마음을 비우는 순간, 그토록 원하던 이름이 생각나는 것이다. 따라서 어떤 깨우침은 비움에서 오는 것이라 할 수 있겠다.

인간의 가장 깊은 곳에서 행해지는 사유의 결과는 이처럼 어느 순간에 갑작스럽게 의식 밖으로 뛰쳐나온다. 마치 영감靈感처럼 갑작스러운 현상이며 판단의 형식까지 갖추고 있다. 그러나 분명한 것은 이 같은 사유가 오랜 시간 무의식적으로 행해진 의식화의 결과이며, 그 배후에 우리가 미처 파악하지 못하는 많은 노력이 숨어 있다는 사실이다. 그런 의미에서 인간의 의식적인 사유는 두뇌의 표면에서 진행되며, 무의식적인 사유는 골수의 본질에서 진행된다는 생리학적 견해 역시 철학의 주장과 크게 다르지 않다고 생각된다.

행복해지고자 하는
의지를 버릴 때 얻을 수 있는 것

Arthur Schopenhauer

　자살은 자유를 표현하는 시도가 될 수 없다. 어쩌면 자살은 삶에 대한 애착을 보여주는 광기 어린 집착일지도 모른다. 인간은 더 이상 참을 수 없을 때 죽는다. 하지만 나는 반문하지 않을 수 없다. 정말로 삶이 무의미하다면, 굳이 죽을 필요조차 없는 것 아닌가?

　자살은 삶의 무게를 거부하는 것처럼 보이지만, 오히려 그 무게가 여전히 중요하다는 고백처럼 들리기도 한다. 하지만 정말 삶이 무의미하다면 죽음을 택하는 것조차 과잉된 반응 아닐까. 그렇다면 진정한 해탈은 죽음조차 의지하지 않는 상태다. 죽음을 향한 열망마저 사라지는 것. 죽어서라도 이 고통으로부터 벗어나고 싶다는 욕망의 부정, 괴로워하는 나의 존재에 대한 무관심. 이것이야말로 진정한 해탈이다.

나는 종교를 경멸해왔지만 그들이 말하는 '열반' 혹은 '구원'이라는 단어에 지닌 어떤 숨겨진 의미에는 항상 귀를 기울여왔다. 불교의 '해탈' 개념은 나에게 있어서 의지의 부정과 가장 가까운 친척이다. 인도 철학자들이 고행을 통해 도달하려 했던 그 무위無爲의 경지는 내가 말하는 궁극의 평정과 다르지 않았다. 그러나 내가 말하는 해탈은 신을 전제로 하지 않는다. 내가 이야기하는 것은 오직 의식의 소멸이다. 신이란 인간이 만들어낸 또 하나의 의지에 불과하기 때문이다.

이제는 말할 수 있다. 행복이란 인간이 도달할 수 없는 신기루이며, 가장 위대한 지혜는 그것을 미련 없이 놓아버리는 것이다. '무엇을 할 것인가'가 아닌 '무엇도 하지 않을 것인가'를 묻는 자만이 진정으로 자유로운 자다. 사람들은 끊임없이 무언가를 되찾으려 하지만, 정작 되돌아갈 수 없는 과거와 결별하는 법은 배우지 못한다. 삶은 기억이 아니라 망각으로써 해방됨에도 불구하고.

나는 행복해지는 기술을 가르치려 하지 않았다. 오히려 이렇게 말하고 싶다. "행복해지려는 의지를 버려야만 비로소 인간은 자신에게 진실해질 수 있다."

바뀐 건 세상일까, 아니면 내 마음일까

Arthur Schopenhauer

인간은 계속적으로 반복되는 현상에 대해 지루함을 느낀다. 인식과 통찰이 더 이상 진보하지 못하고, 사물과 사물의 관계에 대한 이해가 더 이상 새로워지지 않을 때야말로 인생에서 가장 지루한 순간이라고 할 수 있다.

인간은 성숙과 체험의 결과를 통해, 또는 지속되는 생활을 통해 얻어진 각기 다른 관점과 변화의 결과로서 사물의 또 다른 면을 관찰하게 되고, 이를 통해 사물을 새롭게 정의한다. 이렇게 반복되는 일상이 날마다 조금씩 감퇴되는 인간의 정신력에도 불구하고 "내일은 오늘과 다른 새로운 하루가 시작된다"라는 믿음을 더욱 굳건히 지켜주는 셈이다.

인간은 동일한 현상을 시간의 흐름에 따라 전혀 새로운 현상으로 받아들이는 능력을 갖고 있다. 이는 반복되는 일상에서 얻어지는 단조로움에서 탈피하기 위해 인간 스스로가 자극을 만들어내는 능력을 키워냈다고 설명할 수 있다.

그렇기 때문에 노인들은 지난날 고대 그리스 아테네의 정치가 솔론이 말한 "나이를 먹을수록 나는 더 많은 것을 배운다"는 주장을 자신의 좌우명으로 삼고 살아갈 수 있는 것이다. 이와 더불어 우리가 사물을 바라볼 때 작용하는 또 다른 조건, 즉 감정의 다양한 변화 역시 같은 역할을 수행하고 있다. 감정의 변화도 인간의 의식과 사유의 단조로움을 감소시키는 중요한 기능을 한다. 인간은 감정의 변화에 따라 매일 같이 보는 낯익은 풍경을 전혀 색다르게 인식하는 경우가 있다. 예를 들어 날씨가 흐리거나 계절이 바뀔 때마다 이 낯익은 풍광들을 바라보며, 타국의 낯선 지방을 여행하고 있다는 착각에 빠져드는 것이다. 그러므로 우리는 단순하게 생각되는 감정의 변화에도 이미 알고 있는 것들을 새롭게 만드는 창조적 본능이 숨어 있다는 사실을 깨닫게 된다. 즉 감정의 변화를 추적하는 것만으로도 전혀 새로운 사상을 만들어낼 수 있다는 뜻이다.

인생이란 설계도가 주어지지 않고
이루어지는 건축이기에

Arthur Schopenhauer

건축 현장의 노동자는 자신이 얹는 벽돌이 성당의 둥근 지붕 아래에 놓이게 될지, 아니면 시장의 뒤편 어둠 속에 깔리게 될지 모른다. 그는 설계도를 본 적도 없고 전체의 윤곽에 대해 말해주는 이도 없다. 하지만 그는 매일 같이 돌을 들고, 시멘트를 바르고, 무너진 것을 다시 일으킨다. 그의 하루는 어떤 구조의 완성을 위해 소모된다. 이처럼 우리 삶 또한 스스로 알지 못하는 거대한 구조물의 일부로 소모되고, 그러한 구조 속에서 자신도 모르는 의미를 감당하며 유지된다.

그러하기에 가장 필요한 지식은 설계도의 전체를 내려다보는 전지적 통찰이 아니라, '지금 손에 들린 벽돌을 어디에 내려놓아야 하는가'라는 질문에 대한 답이다. 따라서 '나는 무엇을 위해 살아가는가'라는 질문은 '나는 오늘 무엇을 하며 살아갈 것인가'로 바뀌어야 하는 것이다.

삶의 진실은 지금 이 순간 우리가 무엇에 집중하고 있는지에 따라 달라진다. 바닥을 닦는 사람은 하늘을 의식하지 않는다. 바닥을 닦는다는 자신의 역할을 다하고자 고개를 들지 않는 행위가 그 사람의 전부이다. 어쩌면 위대한 삶이란, 전체를 꿰뚫는 완성된 사유가 아닌 한 조각의 진실을 버티며 그 자리에 머무르는 끈기를 뜻하는 것인지도 모른다.

많은 시간이 지난 후에야 우리는 이 모든 행위가 이어져 하나의 거대한 도상圖像을 이루게 됨을 짐작한다. 우리가 걸어온 길을 되짚어 보았을 때, 각각의 굴곡과 멈춤들이 어떤 모양을 구성하고 있었다는 사실을 생의 마지막 끝자락에 다다라서야 어렴풋이 깨닫게 되는 것이다.

따라서 인생이란 설계도가 주어지지 않고 이루어지는 건축이며, 이 건축은 우리의 의지와는 무관하게, 마치 의지 그 자체를 초월한 어떤 필요에 의해 이뤄지는 듯 보인다. 우리가 할 수 있는 일은 단 하나, 지금 이 순간 손에 들린 벽돌을 가능한 한 정직하게 성실히, 있어야 할 자리에 내려놓는 것뿐이다.

현명한 삶이란 무게의 분배를 따르는 삶이다. 벽돌을 놓아야 할 장소가 있고, 기둥을 세워야 할 시기가 있다. 크고 넓은 창을 아무 때나 아무 곳에나 마구 집어넣을 수는 없는 노릇이다. 어느 하나에 기대지 않으면서도 쓰러지지 않는 자세, 일부는 현재에 놓고, 일부는 욕심이 나지만 미래를 위해 기다리는 마음. 과거와 현재와 미래 그 어느 쪽에도 절대적인 무게를 용납하지 않는 중용의 태도 같은 것 말이다.

안타깝게도 사람들은 한쪽으로 기울어진 삶을 살아간다. 어떤 이는 현재의 감각에만 집착한 나머지 자신을 낭비하듯 소모한다. 감정적인 자극만이 삶이 가진 무게의 전부라고 믿는 자들은 고통과 쾌락에 매여 순간을 즐기지만 결국 전체를 잃고 만다. 반대로 어떤 이는 끊임없이 미래를 바라본다. 희망이라는 이름의 안개 속에서 아직 오지 않은 날들에 인생을 저당 잡히느라 소중한 이 순간을 허무하게 땅에 쏟는다.

진짜 인생은 과거도, 현재도, 미래도 아닌 이들 셋 사이의 어느 긴장된 틈 속에서 형성된다. 무엇이 진정 나를 위한 일인지 알고 싶다면 현재의 감정뿐 아니라 미래의 결과, 과거의 어느 한 지점과 조우할 준비가 되어 있어야 한다. 또한 미래의 어떤 한 지점은 반드시 현재를 정직하게 살아내야만 도착할 수 있는 자격이 주어진다.

현재를 소홀히 여겨서도 안 되지만 그곳에 안주만 해서도 미래는 오지 않는다. 미래를 두려워해서도 안 되지만 미래가 무조건적인 도피처가 되어서도 안 된다. 인생은 맹목의 수레에 실려 앞을 향해 내달리지만 그 수레 위에서도 균형을 잡고 고개를 들어야 한다. 그 순간 우리는 풍경 속에 서 있는 '나'를 보게 된다. 바로 그때가 삶이 철학이 되는 순간이다.

인간은 타인을
용서하지 않는다

Arthur Schopenhauer

도덕적인 언어의 정체는 억제된 본능이다. 겉으로는 정직, 공감, 존엄을 말하지만, 그 말의 깊은 곳엔 언제나 자기이익을 향한 미세한 진동이 가득하다. 사회적 미덕은 본능을 통제하는 힘에서 비롯된 것이 아니다. 처벌을 피하기 위해 타인의 시선을 의식하는 억제의 산물이다.

누군가를 선하다고 평가할 때, 우리는 그가 아직 행하지 않은 미래의 어떤 행위까지 미리 판단하는 잘못을 범한다. 만약 과거에 그가 선한 행동을 실천했다면 그것은 처벌이 두려웠기 때문일 수도 있다. 그가 미소를 짓는다고 해서 그의 내면이 평화롭다고 볼 수 없는 것과 같은 의미다.

인간은 동물처럼 타인에 대한 공격 본능을 지니고 있다. 문명은 그 본능을 억제할 목적으로 고안된 일종의 매뉴얼이다. 교육과 사회적 처벌, 도덕적 명분은 그 억제의 메커니즘이다. 고귀함이란 본능을 통제한 결과가 아니라, 욕망 자체가 결여된 상태에서만 나타날 수 있는데, 대부분의 인간은 결코 그런 상태에 이르지 못한다.

따라서 우리가 '명예', '존엄', '용서' 같은 단어로 포장하는 감정은 실제로는 자기중심적 안위에 대한 갈망인지도 모른다. 인간은 타인을 용서하지 않는다. 그는 다만 자신의 내면에서 불편함을 덜어내기 위해 어떤 감정을 유예하는 법을 배웠다. 이것이야말로 도덕의 본질이다. 도덕은 고결함의 결과가 아닌 길이 잘 든 두려움일 수 있다.

진정한 선함은 어떤 억제나 외적 보상 없이 타인의 고통에 반응하는 투명한 감수성을 말한다. 이는 대단히 드문 경우이며, 대부분의 미덕은 사회적 시선에 의해 발생하고 유지되는 일종의 의례에 불과하다. 인류는 아주 오랜 기간 자기 연민이라는 거울 속에서 타인을 위하는 척, 미소를 가장하는 법을 연구해왔기 때문이다.

그래서 철학자는 인간의 도덕을 믿지 않는다. 선함을 전제로 인간을 판단하지 않는다. 행위의 이면에 포함된, 억제해야만 하는 조건을 바라본다. 인간은 윤리적인 존재가 아니다. 윤리를 흉내 내는 존재일 뿐. 이 사실을 깨달았을 때 비로소 우리는 타인에게 실망하지 않고 자기 자신에게도 관대해질 수 있다.

힘들어도
사람에게 기대면 안 되는 이유

Arthur Schopenhauer

    인간은 자신을 회피하기 위해 타인에게 몰두한다. 관계를 통해 고독을 부정하고, 인정과 호의를 통해 자기 안의 결핍을 외면한다. 그리고 인간의 본질은 조건적이다. 인간은 자기 자신조차 온전히 받아들이지 못하는 존재이기에 타인을 전적으로 수용한다는 것은 거짓말과 같다.

    우리는 종종 타인과의 친밀함을 통해 삶의 의미를 확대하려 하지만, 그 친밀함은 대부분 오해와 기대, 불균형한 감정의 투사 위에 세워진다. 애정은 조건부로 주어지고, 충실한 관계조차 자기 확인을 위한 수단이 되기 십상이다. 인간은 이기적이지 않을 수 없다. 다만 도덕이라는 외피로 이기심을 가장해볼 뿐이다. 어떤 이의 선행조차 그 깊은 곳을 파고들면 대부분은 고통을 피하려는 전략이거나 자아를 미화하려는 몸부림이다.

인간이 타인과의 관계를 이용해 스스로를 위로하려 할수록 결국 더욱 처절한 불만에 빠지게 된다. 타인은 타인인 나를 이해해주지 못한다. 그리고 그들에게 타인인 나 자신은 그들을 이해했다는 착각으로 관계를 유지한다. 그리하여 오해는 끊임없이 반복되고, 인간관계는 끝없는 불일치 속에 각자의 피로를 증식시킨다. 애초부터 진정한 공감은 이뤄질 수 없으며, 가능한 것은 오직 일정한 시간 동안의 착각, 혹은 서로가 서로의 목적에 필요하다는 일치된 이기심뿐이다. 이러한 진실을 직시하지 못했기 때문에 실망으로 귀결되는 관계의 종착점을 '상대의 결함'으로 돌리고 싶은 충동에 휩싸이는 것이다.

도덕은 이러한 불완전한 관계를 잠시나마 유지하기 위해 고안된 일시적 규율이다. 법이란 사회질서를 유지하기 위한 도구일 뿐 정의는 아니다. 도덕과 법은 개인의 순결한 선의에서 비롯되지 않았다. 공존을 강제하기 위해 강압적으로 만들어낸 제도적 장치다. 사회가 '옳다'라고 정의하는 것들은 실상 '다수의 불편함을 줄이는 방식'에 불과하고, 그동안 인류가 '선善'이라 말해온 것들은 '자기기만을 정당화하는 명분'에 지나지 않았다.

그러므로 관계의 본질을 파악하고 싶다면 먼저 인간이 얼마나 도덕이라는 이름으로 허위를 반복해왔는지를 생각해야 한다. 타인을 이해한다는 말의 본뜻은 타인을 자신의 서사 안에 끼워 맞추겠다는 아집이며, 용서란 타인을 위한 것이 아니라 자기 내면의 갈등을 덮기 위한 행위일 뿐이다. 인간은 그 누구도 순수하게 사랑할 수 없으며, 그 누구도 완전하게 미워할 수 없는 존재다. 단지 상황과 필요에 따라 그 두 가지 경계선을 자유자재로 복합적으로 넘나드는, 계산된 의지일 뿐이다.

인간은 관계가 만들어낸 고통에 둘러싸여 살아간다. 이것은 감상적 비관이 아닌 경험적 사실의 고백이다. 관계의 고통에서 예외가 될 수 있는 인간은 없다.

그래서 인류는 이 고통을 하나의 규범으로 만들어버렸다. 그 누구도 관계의 고통으로부터 도망치지 못하도록 가정, 집단, 사회, 국가의 동맹을 창조해낸 것이다.

나아가 종교는 관계에서 파생되는 고통을 쾌락으로 여길 것을 명령한다. 희생을 쾌락이라 불러보지만, 그마저도 새로운 결핍을 야기하는 도구로 쓰이는 것이 현실이다. 타인 때문에 얻어지는 고통을 희생이라는 고차원적인 만족으로 잠시나마 환원시켜볼 수는 있어도, 숨 고르기가 끝나는 순간 타자를 향한 증오의 재점화가 이루어지는 것이다. 그 예로 역사는 타종교에 대한 종교인들의 집단적인 폭력을 수도 없이 보여주었다.

사람과 사람 사이에서 관계가 확장될수록 충족보다는 충족되지 않음이 쌓여가며, 진정한 평온은 관계의 소멸 속에서만 가능한 것으로 여겨진다. 그러나 관계의 소멸은 대부분의 인간에게는 불가능하다. 왜냐하면 관계성은 인간의 본질 중 하나이기 때문이다. 그러므로 우리가 삶에서 경험하는 모든 관계는 단지 환경의 문제가 아니라 인간이라는 구조 자체의 결함이며, 이 결함은 어떤 진보와 도덕성으로도 완벽히 해소되는 일은 없을 것이다.

그나마 한 가지 방법을 제안한다면 다음과 같은 논지를 받아들이는 것 정도다. '인간은 선하지도 악하지도 않다. 인간은 다만 자신에게 주어진 의지의 구조를 따라 움직이는 존재이며, 그 구조가 타인을 짓밟고도 죄의식을 느끼지 않게 만들고, 때로는 선한 척하면서도 그것을 내면화하지 못하게 만든다. 그러므로 인간에 대한 기대는 낮을수록 현명하고, 관계에 대한 인식은 얕을수록 자유롭다.'

아무리 열심히 살아도
채워지지 않는 공허함에 대하여

Arthur Schopenhauer

인간은 타고난 본성상 자기 존재의 고통을 잊기 위해 분주하게 움직인다. 그러나 그 분주함은 삶의 본질을 가리는 연막에 불과하다. 태어남은 고통의 시작이며, 삶은 그것을 연기하는 과정일 뿐이다. 어떤 이는 이 고통을 외부 세계의 결함에서 찾으려 하지만, 정작 그것은 의식 그 자체에 내장된 법칙이다. 생각하는 존재로 태어났다는 사실은 이미 형벌이다.

그리하여 우리는 쾌락을 통해 이 형벌을 잊으려 애써보지만 쾌락의 본질은 덧없음이기에 성취는 순간이며, 만족은 희미한 여운으로 금방 시들어버린다. 마치 어두운 방 안을 맴도는 불빛처럼 의식은 허상을 좇다 끝내는 무너져버린다. 우리가 지혜를 추구하는 까닭은 이러한 악순환에서 벗어나기 위해서다. 인간은 자신의 고유한 기질과 한계 속에서 살아가도록 정해져 있다. 다만 타인의 삶과 행복을 흉내 내려는 시도 때문에 고통이 더해진다.

인간은 자신이 만든 질서 안에서만 비교적 평온을 누릴 수 있다. 그러나 많은 사람이 그 질서를 인식하지 못한 채 타인의 삶을 흠모하고, 그 흠모를 현실로 삼으려 한다. 당연히 그 결과는 불행이다. 겉으로 보기에는 모든 것을 가진 사람마저도 내면에서는 그 어떤 향유도 감지하지 못한다. 그들은 언제나 무언가 부족하다는 감각에 시달리고, 그로 인해 가진 것들을 누릴 평화를 상실한다.

가난한 자는 가난을 외면하기 위해 부를 좇고, 부유한 자는 내면의 공허를 채우기 위해 명예를 좇는다. 그러나 인생의 어떤 지점에 서 있더라도 충만함은 결코 주어지지 않는다. 끝없이 일하고 끝없이 축적하지만, 마침내 그 모든 것이 본질적 허무 앞에서 무너져내리는 것이다.

청춘들이 가진 유일한 장점이 있다면, 그 허무한 질문이 아직 그들에게 도착하지 않았다는 것뿐이다. 청춘은 향락에 열광하고 성취에 집착한다. 그러나 시간이 흘러 쾌락이 무뎌지고, 젊음이 내뿜던 향기가 사라질 즈음 공허는 반드시 찾아온다. 이때 대부분은 자신의 내면을 보지 않고 외부에서 공허를 막아줄 만한 대체물을 찾아 헤맨다. 하지만 그 어떤 것도, 막대한 재산도, 열렬한 찬사도, 자신을 찾아온 공허를 덮어주지는 못한다.

태어났다는 사실,
그것이야말로 생의 최초의 불행

Arthur Schopenhauer

    우리는 살아가면서 끊임없이 '무언가'를 갈망한다. 그것은 재물일 수도 있고, 명예나 권력일 수도 있으며, 때로는 단지 고통 없는 하루일 수도 있다. 그러나 이 모든 갈망은 그 자체로 고통의 씨앗이다. 왜냐하면 욕망은 충족되는 순간, 다른 새로운 욕망이 태어나며 이는 결코 종결되는 일이 없기 때문이다. 갈망은 허기와 같다. 그 허기는 존재의 구조 속에 고정되어 있다.

    삶을 유지하려는 노력은 이처럼 본질적으로 반복되고 그래서 지루하기 짝이 없다. 인간은 순간순간 무언가를 얻기 위해 움직이며, 그 목적을 달성한 직후에는 또 다른 결핍에 노출된다. 이렇게 의지는 끊임없이 결핍을 재생산하고, 존재는 그 무의미한 결핍의 갈망 속에 소진되어 사라진다. 그렇게 삶은 불연속적인 투쟁의 반복으로 이어지고, 이러한 투쟁은 그 무엇으로도 해방되지 못한다.

젊음이란 이러한 무의미함을 감지하지 못한 채 마치 목적이 있는 여정을 떠난 사람처럼 무턱대고 달려 나가는 시간이라 할 수 있다. 그러나 세월이 흐르고 자신의 본성에 가까워질수록 그 시간들이 거대한 환영처럼 느껴질 것이다. 그리고 마침내 삶은 완성된 의미가 아니었음을, 본인이 멋대로 해석한 하나의 이미지였을 뿐임을 확인하고 환멸에 이르는 것이다.

이런 해석조차 언제나 사후적으로 도착한다는 것이 인생의 비극이다. 인간은 항상 과거를 회상하며 후회하고, 미래에 대해서는 헛된 희망을 조각한다. 현재는 그저 견뎌내는 무대이고, 진정한 기쁨은 언제나 '아직 오지 않은 어떤 때'에 위치할 거라고 기대한다. 하지만 그 '어떤 때'는 아무리 기다려도 도착하지 않는다.

그것은 인간의 의식이 만들어낸 농간이기 때문이다. 자기 머릿속이 만들어낸 농간에 사로잡혀 인간은 일련의 착각으로 세월을 점철하고, 분명 앞으로 나아가고 있다는 확신에 차 방향을 상실하게 된다.

그러므로 우리가 어떤 성취를 이뤘다고 생각하는 순간조차도 또 다른 공허의 시작점일 수 있다. 충족은 실재하지 않고 언제나 지연되며, 희망은 그 지연을 정당화하는 환각제로 이용된다. 인간은 근본적으로 무엇에도 만족할 수 없도록 설계돼 있다. 그 이유로는 인간의 본성에 결핍된 것들이 너무나도 많기 때문이다.

우리는 감각을 통해 결핍을 인식한다. 그 인식이 행동하게 몰아간다. 그런데 행동은 목적을 향하지 않는다. 되려 목적은 행동을 정당화하기 위해 사후에 덧댄 변명에 가깝다. 우리가 살아가는 것은 어떤 위대한 의미를 실현하기 위해서가 아닌 단지 살아 있음을 감당하기 위해서인데, 그 진실이 비참해서 억지로 과한 분장과 가발을 뒤집어쓰고 어릿광대처럼 위선적인 연극의 주연이 되어보는 것이다.

이런 점에서 봤을 때, 인간이라는 존재로의 태어남

은 축복과는 거리가 멀다. 인생은 고통이라는 조건이 동반된 해석 불가능한 사건의 연속이며, 인간이 써나가는 역사는 어떤 위대한 질서의 일부도 아니다. 인간이라는 존재는 필연이라기보다는 우연의 산물이며, 생명은 목적 때문이 아니라 충동에 의해 발생한 경우가 훨씬 많다. 삶이 철학적으로 정당화될 수도 없고, 도덕적으로도 옹호되지 못하는 근본 원인이 여기에 있다.

그러므로 현명한 자는 그 어떤 열광이나 맹신도 가슴에 품지 않는다. 그저 살아 있음을 불운으로 받아들인다. 동시에 그 불운을 고요하게 견딘다. 고통이 진실이며, 환희는 환상임을 알기에 고통을 완성하려는 시도를 거부하지 않는다.

한 살 더 먹었다는 것,
한결 더 깊어졌다는 뜻

Arthur Schopenhauer

    진실로 고귀한 정신을 지닌 이들이 세속과 조화를 이루려 애쓸 때, 그 시도는 필연적으로 모순에 이른다. 왜냐하면 탁월함은 평범함과 화해할 수 없고, 본성적으로 그 두 영역은 서로를 모욕함으로써 존재하기 때문이다. 고귀한 자는 저급한 것들 사이로 끌려 내려갈 수 있지만, 저급한 자는 결코 고귀한 것들 사이에 올라서지 못한다. 그러므로 삶이란 본질적으로 고통의 구조 속에 놓이는 것이 당연하다.

    인간은 본성적으로 평균에 안주하려 한다. 그 평균

은 타인에 대한 질투, 자신을 향한 자기기만, 집단적 평온이라는 이름 아래 탁월한 정신을 억압한다.

탁월한 정신은 절대로 다수와 어울릴 수 없다. 맑은 물이 진흙탕에 섞이기를 거부하는 것과 같다. 이들은 세속의 인간관계로 위안을 얻기보다는 홀로 고통 속에서 스스로를 견고히 쌓아가는 길을 택한다. 세상은 이들을 가리켜 차갑고 무례하다고 평가하지만 진실은 오히려 정반대다. 그들은 자신이 가진 고귀함을 더럽히지 않기 위해 타인의 친밀함조차 조심스레 거부하는 결단을 선택한 자들이기 때문이다.

이따금 사람들은 묻는다. 왜 어떤 이는 고통을 기꺼이 받아들이며, 마치 그것을 성향인 듯 감수할 수 있는지. 그러나 이것은 본능이 아니다. 단지 삶의 부조리를 일찌감치 통찰한 자가 그 통찰을 견뎌내기 위해 선택한 삶의 방식일 뿐이다. 다시 말해 고통은 탁월한 정신이 세상과 맺는 유일한 관계이며, 그것이야말로 그가 진리를 향해 나아가고 있다는 증거가 된다.

인생은 궁극적으로 비극이다. 고귀한 정신을 가진 자는 이런 사실로부터 도망치지 않는다. 그들은 자신과 세상을 분리해 인식하고, 자신이 남들과 '다르다'는 감각을 불편함이 아닌 필연으로 받아들인다. 그래서 그들은 다수와 섞이지 못하며, 어쩌면 스스로 섞이기를 거부하는 것인지도 모른다. 이 단절은 인간의 타고난 의지에서 비롯된 것이기에 진정한 철학자는 그것을 고통이 아닌 숙명으로 바라본다.

고통을 사랑하는 마음은 천성이라기보다는 절망에 맞서는 승화이며, 허무를 이겨낸 전리품이라 할 수 있다. 인간은 의미 없는 존재의 반복 속에서 고통을 경험하는데, 어떤 이는 고통을 회피하기보다는 바라보는 것을 택한다. 그 선택이 그를 서서히 다른 존재로 변모시킨다. 그렇게 완성된 지극히 개인적인 존재는 더 이상 다수의 규범 안에 속하지 않으며, 외로움과 진실 사이에서 자기만의 외롭지만 영광스런 항해를 시작한다.

물론 이 항해는 결코 축복받은 길이 아니다. 그는 세상과의 모든 연결 고리를 끊고, 자기 내부의 심연 속으로 완전히 가라앉는다. 메피스토펠레스적 속삭임이 귀를 간질이며 그를 유혹하겠지만, 진실은 언제나 침묵 속에서 도달하는 법이다. 그러하므로 위대한 정신은 언제나 외면당하고, 고독은 마침내 자기 자신과의 화해로 변모하게 된다.

삶의 본질이 고통이라는 사실을 꿰뚫어본 자는 선택의 순간마다 쾌락보다는 고통을 택할 것이다. 그에게 고통은 회피의 대상이 될 수 없다. 존재의 진실에 도달하기 위한 통로이며, 인간이라는 피조물의 실체를 가장 날카롭게 드러내는 거울이기 때문이다. 그런 이들은 젊은 날의 갈등을 감내하며 나이를 먹는다. 그리고 시간이 흐를수록 그들의 내면은 침묵의 지혜와 더불어 더욱 단단해진다.

육체는 쇠하고, 욕망은 마멸되며, 타인과의 갈등은 점차 무의미해진다. 60세 이후, 인간은 외부로부터의 자극에 점점 둔감해지지만, 오히려 내면의 고요는 더욱 단단해진다. 이 단단함이야말로 나이가 들어가는 인간이 얻어낼 수 있는 지혜의 참모습일 것이다. 젊은 시절의 분노와 충돌, 갈망과 흥분은 생물학적 소란에 지나지 않았음을 깨달았을 때, 비로소 인간은 삶의 본질을 직시할 준비를 끝마치게 된다.

이 시기의 고독은 결핍이 아니다. 그것은 일종의

정화다. 더 이상 누구에게도 설득될 필요가 없으며, 어떤 애착도 강요되지 않는다. 자신이 속했던 세대를 흘려보내고, 새로운 세대와의 단절을 통해 존재의 실존과 마주한다. 그는 더 이상 같은 시간 안에 살고 있지 않으며, 관념적·정서적으로도 온전히 독립한다.

갈수록 시간은 더욱 빠르게 흐르지만 반대로 정신은 보다 조용히 사유의 깊이를 충분히 누린다. 수십 년에 걸쳐 축적된 사상과 경험은 외적 활동이 줄어들수록 더욱 선명하게 응고되며, 감각과 의지의 소음을 밀어내고 명료한 성찰의 공간을 마련한다. 그리하여 말년의 철학자는 말보다 침묵으로 존재를 직시하며, 자신의 죽음을 두려움 없이 수용하는 단계에 접어든다.

젊음은 욕망을 추구하고, 노년은 이해를 추구한다. 하지만 노년의 이해는 타인에게 전달되기를 바라지 않는다. 오직 자기 속에 더 깊은 침잠을 요구한다. 새롭게 등장하는 젊음은 여전히 동일한 실수를 반복하며 외부와 충돌을 일으키지만, 노인은 그들에게 어떤 충고도, 질책도 쏟아내지 않는다. 단지 그렇게 되어야만 한다는 것을 알고 있기 때문이다. 그리고 삶은 가르침의 과정이 아닌 감내의 연속임을 알고 있기 때문이다.

우리는 타인과 조화를 이루려 애쓰지만 그 조화는 착각이다. 인간의 본성은 균질하지 않다. 누구도 진정한 의미에서 타인을 완벽히 이해할 수 없다. 인간이 서로를 교육한다는 개념조차 하나의 우화이며, 실상은 서로의 부조리와 단점을 반복적으로 재생산하는 데 지나지 않는다. 이때 교육은 구조화된 오류의 순환일 수밖에 없다.

다만 인간은 스스로의 어리석음으로부터 배워나간다. 타인의 실패를 통해 배울 수 있는 것은 없다. 오로지 자신의 상처를 통해서만이 배울 수 있다. 노년의 철학자는 더 이상 교육받기를 바라지 않으며, 누군가를 가르치려 들지도 않는다. 그는 삶이란 본래 혼자 견뎌내야 할 고통의 반복임을 알아냈기 때문이다.

그리하여 노년의 철학자는 말한다. "어떤 이들은 고통을 싫어하고, 어떤 이들은 고통을 사랑한다. 나는 그 누구도 설득할 생각이 없다. 다만 고통 속에 진실이 있음을 깨달은 자들 곁에서 함께 침묵하고 싶다."

지금 당신이 하는 말은
누군가가 쓴 문장일지도

Arthur Schopenhauer

    우리가 지식이라 부르는 것의 실체는 사유의 부재에서 생겨난 망각의 껍데기에 지나지 않는다. 그것은 생생한 삶에서 길어 올린 통찰이 아니라, 단지 오래전에 누군가가 경험한 것의 퇴적물이다. 이 퇴적은 시간에 닳아 무의미해지고, 그것을 습득한다고 해서 삶의 본질에 더 가까워지는 것도 아니다.

    새로운 세대는 마치 최초의 인류처럼 새롭게 세상에 눈을 뜨고, 언제나 무無에서 출발한다. 아무리 많은 기록과 이론이 종이 위에 새겨졌어도 그것이 인간이 존재함으로써 겪는 고통을 덜어주지는 못한다. 참된 앎은 오직 고통의 심연을 통과한 자에게만 주어지며, 고통 없는 지식은 피상적 재현에만 머문다.

오늘날의 학문은 기억보다는 기록에, 체험보다는 인용에 의존한다. 사람들은 배운 것을 스스로의 고통을 통해 소화하지 않고, 남의 문장을 반복하며 그 속에서 일시적인 위안을 얻는다. 그러나 반복된 말은 생각을 멈추게 하고, 결국 인간은 자기 두뇌를 사용하는 대신 책의 껍데기를 본인이라 착각하며 살아간다.

덧붙여 학문의 전문화는 지식의 깊이를 보장하지 않는다. 오히려 그것은 인간을 좁은 틀 안에 가두고, 다른 모든 세계에 대해 무지하게 만든다. 전문가는 오직 자신의 분야에서만 예리해질 뿐, 그 바깥에서는 가장 어리석은 일반인보다도 더 깊은 무지를 드러낸다. 이는 지식이 실재를 비추는 거울이 아니라, 오히려 현실을 가리는 안개가 되어버렸음을 의미한다.

무엇을 아는가보다 더 중요한 것은 그것에 대해 알아가는 방식이다. 의지에 사로잡혀 현실을 이용하려는 자는 지식을 권력의 수단으로 삼지만, 진리를 추구하는 자는 그것을 고통과 단절 속에서만 발견할 수 있음을 안다. 그래서 진리는 모든 인간에게 열려 있되 극히 소수에게만 진짜 모습을 드러낸다. 그 소수란 자신의 의지를 부정한 자들이며, 욕망을 침묵시킨 자들이다.

그러므로 나는 묻는다. 우리가 알고 있다고 여기는 것들은 과연 우리 삶을 덜 고통스럽게 만들었는가? 혹은 더 집요하고 정교한 방식으로 우리를 속박하고 있지는 않은가? 피상적인 앎 속에서 삶은 점점 말라간다. 인간이 알아간다는 사유를 통해 얻은 것은 해방이 아니라 더 고통스러운 자각일지도 모르며, 진리는 우리가 도달할 수 없는 장소에서 오히려 우리를 바라보며 조용히 고개를 젓고 있을지도 모르는 일이다.

왜 같은 실수를 반복하면서도
바로잡지 않을까

Arthur Schopenhauer ───────────

어떤 새로운 견해를 접한 후, 그 견해가 무엇을 의미하는지 이해할 수 있음에도 그 견해를 부정하거나 기피하는 경우가 있는데 이는 아주 당연한 반응이다. 왜냐하면 모든 새롭게 발견된 견해는 과거부터 지니고 있던 완성된 사고체계를 위협하는 적이고, 과거의 사고체계를 통해 어느 정도 안정된 정신을 함부로 교란시키며, 우리에게 새로운 노력과 과거의 견해가 무익한 것이라고 인정하도록 요구하기 때문이다.

만약 새로운 견해가 진리로 확인된다면 이는 약에

비유할 수 있을 것이다. 우리를 오류에서 구원해주는 진리는 약이 가진 성질처럼 씁쓸하고 구역질이 올라오며, 그 효과는 복용한 즉시 나타나지 않고 일정 기간이 지나야만 드러난다.

인간 내면에 숨겨진 오류에 대한 확신에서 벗어나지 못하고 몰입된 채 헤어나지 못하는 사람도 있는데, 이런 현상은 집단에서 더욱 뚜렷이 관찰된다. 이때 대부분의 사람은 아무리 오랫동안 새롭게 발견한 진리를 습득하거나 반복해도 지난날의 오류와 결별하지 못하는 경향을 보인다. 그러므로 오류 중에도 일반화된 오류는 진리 이상으로 사람들에게 신임을 받고, 또 그들에게 만족을 베푸는 경우가 있다. 나는 이런 오류들을 찾아내 표로 만든 적이 있는데, 이 책을 읽는 독자들도 이처럼 반복과 일상화를 통해 일반적 사실로 둔갑한 오류들을 찾아내는 데 앞장서주길 바란다.

- 자살은 비굴한 행위이다.
- 타인을 불신하는 이유는 자신이 정직하지 못하다는 것을 알기 때문이다.

- 성공한 사람과 재능 있는 사람은 그렇지 못한 사람보다 겸손하다.
- 미친 사람은 불행하다.
- 철학을 배우지 말고, 철학적으로 사고하는 법을 배워야 한다(그 반대가 참이다).
- 훌륭한 희극보다 훌륭한 비극을 쓰는 것이 더 쉽다.
- 로드 베이컨의 주장에 따르면, 몇몇 철학은 신神에게서 멀어지고 있으며, 그 나머지 철학들은 신에게 회귀하고 있단다. 과연 그럴까?
- 아는 것이 힘이다. 그렇다면 악마에 대해 아는 것도 힘이란 말인가. 어떤 사람은 다른 사람과 비교했을 때 월등히 많은 지식을 소유하고 있음에도 아무런 힘도 가질 수 없는 경우가 있고, 또 어떤 사람은 지식이라곤 손톱만큼도 갖추지 못했지만 나라의 운명을 한 손에 움켜쥐는 권력을 행사하기도 한다.

그러므로 어떤 사람이 타인의 비밀을 알게 되었더라도, 또는 대부분의 사람이 타인이 자신의 비밀을 알아채지 못하도록 숨긴다는 이유만으로 지식이 타인을 이길 수 있는 힘이라고 말할 수 없다. 마찬가지로 "아는 것이 힘이다"라는 명제 또한 전적으로 옳은 명제로 정의할 수 없다.

이 같은 오류가 반복해서 생성되고 지속될 수 있는 까닭은 이런 오류를 모방하는 사람들이 여전히 상당수를 차지하고 있기 때문이다. 이들은 단지 이런 오류들이 자신의 사고체계를 통해 아무런 잘못이 없다고 판단되었다는 이유 하나만으로 그 오류를 되풀이한다.

안타깝게도 대중은 일상생활에서 거의 생각을 하지 않는다. 그렇기 때문에 먼저 습득하는 정보를 진실로 인정해버린다. 대중에게 진리로 인정받기 위해서는 한 가지 조건만 충족시키면 가능하며, 그것은 바로 누가 더 빨리 그들에게 접근할 수 있느냐이다.

그리고 대중의 사고방식이 얼마나 괴팍하고 고집스러운 것인지를 이해하고 싶다면, 혹은 대중적 사고방식에 익숙해진다는 것이 얼마나 어려운 일인가를 확인하고 싶다면 여행을 추천하겠다. 다행히도 인간들과 어울려 사는 운명에서 해방되어 책과 더불어 살아가는 사람들은 언제 어디서나 손쉽게 위대한 사상가들이 남긴 지식과 사상을 섭렵할 수 있다. 그들이 어떻게 인류의 정신세계를 위해 공헌해왔는가를 날마다 확인하게 되는 것이다. 그러나 이처럼 축복받은 인생의 한 가지 단점은 책에 기록된 내용이 인간세계에서는 사실상 실현이 불가능하다는 점이다. 이 점을 간과한 채 많은 지성인이 책에서 얻은 정보와 실제 세계에서 벌어지는 인간 상호 간의 현상이 동일하다는 착각에 빠지고 있다.

이 경우, 단 하루만이라도 기차를 타고 멀리 여행을 떠나 보면 다음과 같은 사실을 깨닫게 될 것이다. 내가 현재 여행하고 있는 이곳은 어떤 편견과 미신, 습관, 풍습 등이 주민들의 사고방식을 완전히 지배하고 있으며, 그것은 단순히 어제오늘의 일이 아닌 수세기에 걸쳐 행해진 일종의 폭력이었다는 점, 또 이런 풍습들이 어제까지 내가 지냈던 나의 세계에는 조금도 알려지지 않은 사실이라는 점을 알게 된다.

우리는 이 같은 차이점을 언어에서도 확인할 수 있다. 모든 정상적인 국가는 통일된 고유 언어가 존재하기 마련이다. 이것은 틀림없이 책에 기록된 사실이다. 그러나 현실은 지방마다 특유의 방언이 존재한다. 심한 경우에는 같은 민족끼리도 억양과 사용하는 단어가 달라 의사소통이 제대로 이뤄지지 않을 때도 있다. 이 한 가지 사례만으로도 책과 일반 사람의 삶이 어느 정도로 괴리되어 있는가를 확인할 수 있다. 또 새롭게 파악된 진리가 대중에게 전달되는 시간이 얼마나 오래 걸릴 것인지도 짐작할 수 있다. 이러한 전파의 속도를 감안했을 때, 만약 지금 내가 어떤 중요한 학설을 발견했다면, 이것이 독일 국민에게 자명한 이치로 받아들여지기까지는 적어도 몇 세기는 소요될 것으로 예상된다.

이를 뒷받침하는 전제가 있다. 앞서 설명했듯 대중은 일상생활에서 거의 생각을 하지 않는다는 사실이 그것이다. 일반 대중은 생각할 여유와 시간이 절대적으로 부족하며, 또 상대적으로 이 같은 조건이 인생에서 얼마나 큰 비중을 차지하고 있는지에 대해 아무런 교육도 받지 못했다. 그렇기 때문에 대중은 무조건 먼저 습득하는 정보를 진실로 인정해버린다. 다시 말해 대중에게 진리로 인정받기 위해서는 이 한 가지 조건만 충족시키면 가능하다. 누가 더 빨리 그들에게 접근할 수 있느냐가 관건인 셈이다.

만에 하나 그 정보가 오류일 경우, 대부분의 대중은 아무런 여과 없이 오류를 진리로 인정하고, 훗날 그 오류를 바로잡고자 진리가 찾아왔을 때는 철저히 도태시킨다. 어쩌면 이런 현실이 다행인지도 모르겠다. 대중의 사고체계가 철학자가 포함된 지식인 사회처럼 엄청난 속도로 참과 거짓을 구별한다면, 그때마다 혁명과 폭동이 쉬지 않고 반복되었을 확률이 높기 때문이다.

지혜를 자기 밖에서
구하지 마라

Arthur Schopenhauer

　섬세한 판단력을 갖춘 두뇌는 두 가지 특징을 갖고 있다. 첫 번째 특징은 그가 보고, 체험하고, 읽은 모든 지식들 중 중요하다고 생각되는 내용들이 스스로 그의 기억에 새겨져 필요할 때마다 저절로 다시 나타난다는 점이다. 마찬가지로 의미가 없다고 판단되는 경험들은 특별한 노력을 기울이지 않아도 어느새 사라져 버린다. 이런 유형의 기억력은 액체를 거르는 체에 비교할 수 있는데, 망보다 굵은 물질은 모두 남겨지는 이치와 같다. 반대로 이와 정반대인 유형의 기억력 또한 체에 비교할 수 있다. 한 가지 다른 점은 망과 망 사이의 공간이 워낙 넓어 웬만한 물질은 모두 다 빠져나갈 수 있다는 것이다.

두 번째 특징은 첫 번째 특징과 비슷한 부분이 있는데, 어떤 논리적 형식의 주제에 해당하는 내용들이 정확히 필요한 순간, 즉 그가 원하는 시간에 적절하게 떠오른다는 점이다. 이것은 그가 경험하는 사물들의 고유한 본질을 파악했기에 가능한 특징이며, 사물의 본질을 파악할 수 있는 능력을 통해 사물과 사물 간의 유사한 측면을 관찰할 수 있기 때문에 자신이 원하는 순간, 필요로 하는 것들을 기억의 창고에서 언제든 끄집어낼 수 있는 것이다.

깨달음에 대한 인간의 본성은 외부에 대한 이해가 아닌, 내면에 대한 이해에서 시작된다. 그렇기 때문에 한 사람이 아무런 두려움 없이 만인을 상대로 자신이 옳다고 믿는 신념을 주장할 수 있고, 수천 명의 아둔한 머리를 합쳐도 현자의 두뇌를 대신할 수 없는 것이다.

어리석은 자의 말에도
귀를 기울여야 하는 이유

Arthur Schopenhauer

　이 세계를 가득 메운 어리석은 인간들에게 결여된 능력은 두 가지이다. 판단력과 자신만의 고유한 사상을 만들어내는 개성이 그 주인공이다. 그런데 다행히도 이 두 가지 능력이 매우 공평하게 결여돼 있기 때문에 이처럼 어리석은 집단에 속하는 인간들은 정작 자신에게 무엇이 부족한지 모르고 있다. 그러므로 이들에겐 존재로 인한 슬픔, 즉 "우둔한 인간을 괴롭히는 자기혐오" 마저 찾아볼 수 없다. 그런데 이 같은 결함 때문에 문학 같은 예술의 존재 이유가 발견되고, 가치 있는 삶과 그렇지 못한 삶의 경계가 그어지며, 이를 통해 사람들은 좀 더 가치 있는 삶을 선택하고 싶다는 충동을 느끼게 되는 것이다.

이 세상에 시와 철학이 존재하는 이유는 이렇듯 어리석은 군중에게 지혜로운 관_冠을 덧씌우기 위해서라는 점을 기억하기 바란다. 그리고 이 같은 시도는 사실상 불가능한 일이므로 우리 시대의 문학과 사상이 이토록 참담한 대접을 받는 데 대해 실망하지 않기를 바란다. 나는 우리의 이 같은 시도가 성공할지도 모른다는 생각이야말로 진정한 어리석음이라고 확신한다.

우리가 문학에서 기대하는 즐거움은 작품을 통해 작가가 보여주는 사고방식이 어딘지 모르게 나와 비슷하다는, 일종의 기대 심리이다. 즉 독자의 기대 심리와 작가의 세계가 조화를 이룰 때 비로소 문학이 추구하는 진정한 가치가 성립된다고 말할 수 있다. 그리고 그 조화가 독자의 기대에 부응할수록 즐거움도 커진다. 그렇다면 우리가 철학에서 기대하는 즐거움은 과연 무엇일까.

먼저 철학의 특징에 대해 살펴보자. 철학자의 위

대한 사상은 다른 위대한 사상가의 철학을 이해해야만 완전하게 받아들여지고 향유될 수 있다. 이 이해를 가리켜 나는 저질 작품을 남발하는 작가가 논리적 두뇌에 일으키는 혐오감이라고 표현한다. 사상가가 다른 사상가의 철학을 이해했다는 것은 사실상 그 철학에서 심오한 결점을 발견했다는 말과 다르지 않다. 왜냐하면 사상가가 타인의 사상을 이해할 수 있는 유일한 방법은 결점을 찾아내는 것뿐이기 때문이다. 일상생활에서 인간이 서로 주고받는 대화 또한 마찬가지의 성질을 내포하고 있다. 우리는 타인에게 한 발짝 내디딜 때마다 한 번의 절망을 체감한다. 인간과 인간의 관계가 사상과 사상의 관계처럼 부조화와 불만족으로 점철되는 이유가 바로 여기에 있다.

    그렇다면 이번에는 어리석은 군중의 그 어리석음에 대해 살펴보도록 하자. 먼저 다음과 같은 경고문을 읽어보자. "어떤 종류의 신선한 발언이나 참다운 사상을 경험하게 되었을 때, 그것을 질 낮은 잡지라든가, 바보의 입을 통해 듣게 되었다 할지라도 그 내용을 과소평가해서는 안 된다." 왜냐하면 저질 잡지에 실린 진리는 표절이고, 바보의 입에서 흘러나온 명구는 어디선가 엿들은 것이기 때문이다. 즉 어리석은 군중의 입에서 토해진 진리일지라도 그것이 진리라는 본질에는 변함이 없다. 다만 그 사실을 숨기고 싶어하는 군중의 행위가 어리석을 뿐이다.

스페인 속담에 "바보도 자신의 집에 대해서는 처음 방문한 현자보다 더 잘 안다"는 말이 있다. 그러므로 아무리 어리석은 군중으로 매도해도, 그들 개개인은 자신이 몸담고 있는 분야에서 우리가 시와 철학을 이해하듯 전문적인 지식을 가지고 있다. 즉 우리가 어리석다고 비웃는 군중은 어리석지만, 군중을 이루는 개개인에게는 저마다의 철학, 전문지식 등의 엄연한 영역이 존재하는 것이다.

우리는 분명 이들 개개인에게서 특정 분야의 고유한 경험과 지식을 전수받은 기억이 있다. 그리고 이렇게 얻은 지식들을 유용하게 활용하고 있으면서도 여전히 이를 과소평가하는 경향이 있다. 어리석다고 치부하는 군중에게서 얻은 지식이 일반화되는 것을 두려워하는지도 모른다. 혹은 위에서 살펴본 것처럼 본질적으로 진리인 사실임에도 단지 어리석은 군중에게서 도출되었다는 이유만으로 본질을 인정하지 못하는 것일 수도 있다. 밭에 뿌려둔 퇴비에서 다이아몬드가 발견되었다고 해서 그 다이아몬드마저 퇴비로 간주할 수 없듯이, 비록 어리석은 군중일지라도 참된 진리의 자격까지 어리석다고 말할 수는 없다.

머리가 좋다고
머리를 믿지는 마라

Arthur Schopenhauer

어떤 악기를 막론하고, 공기의 순수한 진동만으로 소리를 만들어내지는 못한다. 공기의 진동 외에도 악기 자체가 만들어내는 음이 첨가되지 않으면 연주자가 원하는 소리를 낼 수 없다. 모든 악기는 자체의 진동을 통해 공기의 진동을 유발하고, 이를 통해 존재하지 않던 음을 만들어낸다. 그러므로 이렇게 생성된 음은 저마다 독특한 개성을 갖게 되며, 그로 인해 바이올린과 플루트의 차이점이 구별되는 것이다. 물론 이 같은 첨가음이 덜 섞일수록 소리는 더욱 순수해진다.

그런 의미에서 가장 순수한 음역은 아마도 인간의 목소리일 것이다. 어떤 인공적인 악기도 자연적으로 발생하는 인간의 목소리보다 순수할 수 없기 때문이다. 이와 마찬가지로 존재하는 그 어떤 지성도 본래적인 인식, 그리고 객관적 인식에 대한 주관적 인식, 즉 개인적인 특수성과 혼합되지 않은 채로 존재할 수 없다. 따라서 인식의 본질 또한 결코 순수해질 수 없다.

다만 이러한 영향을 적게 받을수록 지성은 그만큼 순수성과 객관성을 유지할 수 있게 되고, 완벽에 가까운 지성으로 인식될 수 있을 뿐이다. 그 결과, 어떤 사물을 경험함으로써 발생하는 지성의 산물은 최대한 순수하고 본질적인 객관을 요구하게 된다. 이 요구는 우리가 사물을 이해할 때마다 사물 쪽에서 우리의 지성에게 원하는 조건이기도 하다.

나는 인간의 천재성은 그의 정신이 얼마나 객관적인가에 달려 있다고 말한 적이 있다. 이 주장에는 절대적으로 순수한 소리가 불가능한 것처럼 완전하게 순수한 지성은 존재할 수 없다는 전제가 깔려 있다. 절대적으로 순수한 소리는 어떤 식으로든 진동이 감지되어야만 음역을 확장할 수 있는 공기의 특성상 외부 환경, 즉 공기를 진동시키는 조건이 마련되어야 한다는 전제가 필요하다.

지성의 경우도 이와 마찬가지다. 지성만으로는 그 존재의 타당성을 확보할 수 없으므로 의지의 도구라는 존립 이유가 성립되었을 때 비로소 지성이 존재할 수 있다. 게다가 지성은 두뇌라는 인체의 일부분을 통해서만 생성될 수 있다. 즉 육체로 대표되는 비이성적이고 맹목적인 의지가 지성의 조건이자 존립 이유인 셈이다. 따라서 절대적으로 순수한 이성은 존재할 수 없다.

이와 같은 증명을 통해 나는 다음의 결론을 내린다. 인간의 정신 활동으로 생성되는 지성은 결함을 내포하고 있다. 지성의 주체가 비록 위대한 사상가일지라도 어리석은 바보의 정신 활동과 마찬가지로 약간의 불합리성과 오류를 포함하게 될 수밖에 없다. "줄기 없는 연꽃이 없다"는 인도의 속담이야말로 이 같은 사실에 대한 적절한 비유이며, 괴테도 다음과 같이 말한 바 있다.

바빌론의 탑은 아직 꿈에서 깨어나지 못했고,
세상 사람들은 하나로 단결될 수 없나니,
인간은 누구든지 자신만의 망상에 파묻혀 있구나.
결국 코페르니쿠스도 망상가에 지나지 않았음을.

인식의 불순화^{不純化}는 항상 존재하는 주관의 성질, 즉 개성을 통해 이뤄지며, 의지와 의지의 일시적인 감정, 예를 들어 흥미와 괴로움 같은 인식주관의 감정에 의해 얼마든지 강화될 수 있다. 인간의 인식에 얼마나 많은 주관이 첨가될 수 있는가를 측정하기 위해서는 하나의 동일한 사태를 이해관계에 따라 전혀 다른 두 가지 시선으로 동시에 바라볼 줄 알아야 한다. 그런데 이것이 말처럼 쉽지 않기 때문에, 그 대안으로 각기 다른 시간에 다른 감정을 통해 같은 사태를 관찰했을 때, 우리가 어떤 결론을 내리게 되는지를 확인하는 방법이 있다.

물론 우리의 지성이 독립적으로 존재할 수 있다는 것은 분명 더없이 원하는 바다. 인간의 지성이 근본적으로 순수한 지능이라면, 필연적인 의지에 뒤따르는 부차적인 능력이 아니라면 지성은 분명 절대적일 수 있다. 그러나 지성은 어디까지나 의지에 의해 생성되는 2차적 기능이므로 인간이 자신의 지성을 통해 얻는 인식과 판단은 불순해질 수밖에 없다. 만약 지성이 이처럼 의지의 부산물, 즉 2차적 기능이 아니었다면 분명 인식과 진리의 순수한 기관으로 작용할 수 있었을 것이다.

그러므로 우리가 거의 날마다 경험하게 되는 것처럼 어떤 사물을 명확하게 인식한다는 것은 사실상 불가능한 일이다. 그 이유는 우리의 지성이 인식하게 된 어떤 사태를 표현할 때, 그 같은 인식을 가능케 한 지성은 순수한 활동이 아니라 의지의 표출로 생성되었기 때문이다. 다시 말해 사물을 명확하게 인식한다는 것은 객관적이고 순수한 정신 활동에 속한다. 그런데 인식의 주체인 인간은 어떤 경우든 의지가 선험하지 않는 한 지성에 의한 인식이 불가능하다. 즉 객관적이고 순수한 정신 활동이 불가능하다는 이야기다.

인간은 선천적으로 의지와 지성을 구별하지 못한다. 의지의 주체와 지성의 주체는 바로 '나'이기 때문이다. 이렇게 인간은 자기 안에서 의지가 생성된 후, 이를 만족시키고자 지성이 활동하게 되는 과정을 인지하지 못한다.

이 같은 사실을 실증해주는 예가 있다. 우리는 간혹 역경과 어려움에 처하게 되었을 때 공포를 먼저 체감하지만, 결과적으로는 이 역경과 어려움을 반드시 헤쳐나가겠다는 희망에 사로잡히게 된다. 그러나 공포가 왜 희망으로 바뀌었는지, 그 과정을 설명할 수 있는 이는 없다. 분명 변화가 있었지만, 우리의 지성은 왜 이런 변화가 가능했는지 아무런 설명도 하지 않는다.

지성의 본질은 약하게 불어오는 산들바람에도 심하게 요동치는 작은 불꽃과 같다. 여기서 바람이란, 바꿔 말하면 감정의 기복이라고 할 수 있다. 즉 감정의 기복이 심할수록 지성은 인식의 충직한 친구로서 더 이상 기능하지 못하게 된다. 중립적인 입장에서 사태를 있는 그대로 판단하는 것이 필요하지만, 감정 기복이 심한 경우 지성은 사태를 엉뚱하게 속단할 가능성이 높기 때문이다. 지나간 사태에 대한 올바른 판단과 앞으로 다가올 사태에 대한 올바른 예견은 그 같은 사태들이 우리와 아무런 이해관계가 없을 때만 가능하다. 즉 우리가 감정의 동요를 전혀 느끼지 않는 경우에만 중립적인 가치를 기준 삼아 정확한 판단을 내릴 수 있는 것이다.

반면에 어떤 사태가 인식의 주체인 나에게 영향을 미칠 수 있다고 생각되는 경우, 다시 말해 사태의 추이에 따라 감정이 동요될 수 있는 경우에는 인식을 관할하는 지성은 의지의 지배를 받게 되어 가치중립적인 자세를 유지하지 못하게 된다. 지식인들이 정치적 현안에 대해 너무나 쉽게 잘못된 오류를 진리인 양 착각하는 이유가 바로 여기에 있다. 즉 올바른 판단의 기초가 되는 핵심은 주체인 인간의 지성이 얼마나 중립적이냐에 달린 것이 아니라 인식의 소재, 다시 말해 사태와 주체의 관계가 얼마나 중립적인가에 달려 있다.

일반적으로 예술가와 시인, 작가들은 지성의 주관적 편견에 속하는 시대사상에서 자유롭지 못한 경우가 많다. 이 같은 시대사상을 일컬어 소위 '시대적 정신'이라고 표현하는데, 사회 전반에서 유행하는 관점이나 개념을 의미한다. 이런 시대사상으로 화려하게 채색된 작가들의 관점은 항상 현재진행형이다. 만에 하나 시대가 변하고, 대중의 정신이 변화되면 이들의 작가적 운명 또한 과거의 한 점으로 사라져간다. 마치 해묵은 달력처럼 어디에도 쓸모가 없는 것이다.

그러나 인류의 보편적인 숨결을 꿰뚫는 위대한 시인과 사상가들은 시대적 정신에 결코 구속받지 않는다. 장구한 역사의 어느 한 분기점이라고 할 수 있는 시대를 초월했기 때문이다. 이러한 관점에서 독일의 시인이자 역사가인 실러와 셰익스피어를 한번 비교해보자.

이 두 사람은 살아생전 인간이 누릴 수 있는 최고의 명성을 떨쳤다는 공통점이 있다. 실러는 평생 칸트의 《실천이성비판》을 곁에 두고 애독한 것으로 유명하다. 이에 반해 셰익스피어는 제대로 된 정규교육을 거의 받지 못했고, 지적 호기심도 철학이나 문학 같은 학구적인 분야가 아닌 인간과 인간을 하나로 묶는 도구, 즉 삶의 순환에 닿아 있었다. 그 때문인지 그의 작품에 등장하는 인물들은 줄거리를 구성하는 요소가 아니라 피와 살을 지닌 살아 있는 생명처럼 느껴진다. 작가의 철학을 통해 만들어진 인위적 장치가 아니라 욕망에 따라 선택하고 판단하는 인간이기 때문이다.

    셰익스피어는 자신의 예술을 통해 도덕적인 형상을 그리려고 하지 않았다. 그는 자신의 작품을 거울이라고 생각했는데, 바로 살아 있는 인간의 모습을 비추는 거울이라고 생각했다. 즉 그의 작품에 등장하는 인물들은 시대의 지배를 받는 형상이 아니다. 어디까지나 숨쉬고, 욕망하고, 분노하고, 두려워하는 살아 있는 인간이다. 그러므로 셰익스피어는 오늘날에는 물론이고, 먼 훗날에도 여전히 살아 있을 것이다. 반면에 실러가 창조한 인물들은 그의 철학이 빚어낸 허구에 지나지 않는다. 그가 만들어낸 허구는 천사와 악마, 흰색과 검은색처럼 너무나 확연하게 드러난다. 벌써부터 사람들은 그의 작품을 식상해한다. 이미 시대가 변한 것이다. 그렇다면 50년 후에는 이 작품이 사람들에게 대체 어떤 모습으로 읽혀질 것인가!

예술은 왜
고통의 틈에서 태어나는가

Arthur Schopenhauer

　식물의 생활은 단순히 이 세상에 존재할 수 있다는 사실만으로도 충분하다. 따라서 식물이 원하는 기쁨은 순수하고, 절대적이고, 주관적이며, 무감각적인 안식이다. 동물도 이와 유사하지만, 동물의 경우 특별히 인식이라는 조건이 하나 더 추가된다. 동물의 인식이란 자신과 동일한 개체를 확인하고, 구별하는 데 사용되는 능력을 말한다. 따라서 동물 역시 자신이 이 세계에 존재할 수 있다는 사실만으로 충분한 만족을 느끼고 있으며, 이 만족이야말로 동물이 추구하는 유일한 목적이기도 하다. 그렇기 때문에 동물들은 오랫동안 아무런 행위를 하지 않아도 조급해하거나 불안해하지 않는다. 동물에게도 직관이 존재하지만, 그것을 통해 사유할 수는 없기 때문에 가능한 현상이다.

다만 개나 원숭이처럼 일반적인 동물의 지능보다 훨씬 뛰어난 지능을 타고난 종種들은 생존의 필요성과 지루함에 대해 나름대로 감지할 수 있다고 생각한다. 이들은 같은 개체끼리 어울려 독특한 문화를 형성하기도 하고, 휴식시간을 놀이로 충당하기도 하며, 지루한 듯 하품을 머금는 때도 있다. 단순히 생존이라는 측면만을 놓고 관찰했을 때 이들은 분명 인간 못지않은 인식에 도달한 것으로 보인다. 나는 이런 개와 원숭이를 가리켜 '구경꾼들'이라고 부른다. 즉 당사자가 될 수 있는 특권은 주어지지 않았으나, 제3자로서 충분히 구경할 수 있는 권한은 부여받은 셈이다. 그러나 가끔 당사자인 학생들이 구경꾼의 위치를 선택하는 경우가 발생하는 덕분에 나는 참을 수 없는 분노를 느낄 때가 있다.

인간만이 행사할 수 있는 참다운 인식, 다시 말해 사물과 나를 구별할 수 있는 능력은 단순한 자의식이라고 치부할 수 없는 영역이다. 이 같은 영역은 시간이 흐를수록 고도로 발전하게 되며, 이성의 참여를 통해 영역에서 경계로 의미가 확대된다. 그 결과 인간의 삶은 동물로서의 생존뿐 아니라 정신, 즉 영속되는 무한한 가능성까지 포함하기에 이르렀다. 이를 만족시키는 가장 중요한 조건이 바로 인식인데, 인식이 란 나와 타자他者, 그리고 나와 타자 사이에 존재하는 차이를 구별하는 기준이라고 정의할 수 있다. 그러나 인간의 경우에도 인식은 대부분 나와 동일한 개체를 구분하는 데 국한되는 경향이 있다. 다만 인간은 동물과 달리 자신과 동일한 개체를 구분 짓는 방법 및 대상이 상당히 광범위하다는 점이다.

이처럼 광범위한 대상을 가리켜 우리는 '실용적 지식'이라고 부른다. 그리고 실용적 지식에는 반드시 추구하는 목적이 뒤따라야 한다. 반면에 자유로운 인식은 목적이 수반되지 않는 인식을 의미한다. 이러한 무목적성無目的性 인식이 확인되는 경우는 대체적으로 호기심이나 취미, 오락처럼 실존과 별다른 연관성을 갖지 않는 활동이다. 그러나 이 또한 인간의 인식체계에서 매우 중요한 비중을 차지하기 때문에 모든 인간에게서 공통적으로 발견되는 특징이다.

인식이 이처럼 삶의 질을 결정하는 중요한 척도로 작용하는 까닭은 다음과 같다. 만에 하나 인간이 삶을 통해 인식해야 할 대상이 적은 경우, 인간은 어쩔 수 없이 동물과 마찬가지로 생존의 본능에 집착하게 된다. 인식은 모든 인간에게 동일한 분량으로 주어지는 조건이므로 외부에서 어떤 대상을 찾지 못하게 되면, 결국 인식의 유일한 대상은 내가 될 수 밖에 없는 것이다. 예를 들어 어리석은 인간끼리 모여 앉아 대화를 나눈다고 가정하자. 과연 이들이 나눌 수 있는 대화의 범위는 어디까지일까. 아마도 서로 거의 대화를 나누지 못할 것이다. 인식도 이와 마찬가지다.

인식을 한마디로 정의하자면, 세계와 나의 대화이다. 그런데 내가 세계를 대상으로 인식하지 못하게 된다면 결국 남는 것은 자기 자신뿐이며, 결국 동물과 비슷한 수준의 인식체계에 머물게 되는 것이다. 인간은 자신도 미처 의식하지 못한 사이에 마음 한구석에 행동의 규범이라든가, 원칙으로서의 어떤 전제를 만들어놓는다. 그 이유는 가능한 한 사유를 덜 낭비하기 위해서다. 이처럼 인간은 생각이라는 정신 활동을 일종의 낭비이며, 생활에서 어쩔 수 없이 감수하게 되는 손해쯤으로 인식한다. 그렇기 때문에 필요로 하는 최소한의 생각만을 남겨둔 채 온 정신을 기울여 오락이라든가 연애처럼 정신의 긴장을 해소시켜주는 자극제만을 찾아 일생을 낭비하는 것이다.

그런데 오락이나 연애도 그 근본성질은 일종의 사유이며 인식활동에 속한다. 예를 들어 어떤 사람이 매일 아침 9시부터 오전 12시까지 직장에서 근무한다고 가정해보자. 그런데 어느 날 갑작스러운 행사 때문에 평소와 달리 세 시간의 여유가 주어졌다. 그가 이 세 시간 동안 평소의 업무를 대신할 다른 오락을 찾지 않는다면, 멀뚱히 창밖을 쳐다보면서 하품이나 하고 있을 것이다. 즉 세 시간의 업무에 소모되는 사고력에는 미치지 못하더라도, 세 시간의 놀이에는 분명 그에 못지않은 사고력이 요구된다는 것을 알 수 있다. 따라서 오락이나 취미는 특별한 사유를 필요로 하지 않는다는 일반적인 판단은 잘못된 고정관념이다.

지성의 한계를 뛰어넘는 것, 그때야말로 인식이 비로소 목적이 되는 순간이다. 어떤 사람의 지성이 자연적인 본분, 즉 의지에 대한 봉사로서 사물 간의 관계를 파악하는 기능을 도외시한 채 순수하고 객관적인 인식에 종사한다는 것은 상당히 이례적인 경우이다. 그러나 이 같은 이례적인 경우가 바로 예술과 철학의 근원이 되는 것이다. 그러므로 예술과 철학은 본래 예술적이거나 철학적인 사유에서 도출되는 활동이 아니다.

인간의 지성은 공장에서 하루 종일 힘들게 일하는 노동자와 같다. 그에게 업무를 부과하는 고용주는 의지이며, 이 의지가 지성이라는 이름의 노동자를 아침부터 저녁 늦게까지 쉴 새 없이 몰아붙인다. 그러나 간혹 의지는 지성의 성실한 수고를 보상해주고자 잠깐의 휴식을 허락하는데, 이때 지성은 반강제적으로 자신에게 주어진 노동에서 해방되어 아무런 다른 목적 없이, 오직 자신의 만족과 즐거움을 위해 어떤 다른 일을 하는 경우가 있다. 이것이 바로 예술의 기원이며, 철학의 시작인 것이다.

Arthur Schopenhauer

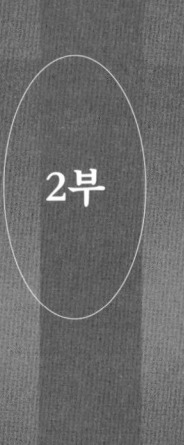

2부

진리란 무엇인가

삶이 이토록 찢기는 동안에도

그 열매는 익어가고 있음을

천재는
두 개의 지성을 타고난다

Arthur Schopenhauer

어떤 사태를 올바르게 이해할 수 있는 사람들은 천재와 일반인의 차이에 대해 이렇게 표현한다. 천재는 두 개의 지성을 타고났다는 것이다. 그중 하나는 자신을 위한 것으로서 자신의 의지를 충족시키기 위해 사용한다. 나머지 하나는 이 세계를 위한 것으로서 세계를 순수하고 객관적으로 파악하기 위해 사용한다. 천재의 두 번째 지성이 곧 세계를 비추는 거울이 된다. 이 같은 순수 객관적인 파악의 핵심은 기술적 수련이 더해져 예술, 시, 그리고 철학으로 묘사된다.

이에 반해 일반인은 첫 번째 지성, 즉 자신을 위한 지성만을 타고난다. 따라서 일반인의 지성은 주관적 지성이며, 천재의 지성은 객관적 지성이다. 일반인의 주관적 지성은 아무리 높은 예지와 수준에 도달했을지라도 천재가 지닌 두 개의 지성과는 견줄 수 없다. 마치 악기로 아무리 높은 음을 연주하더라도 사람의 가슴에서 우러나오는 절대 음정에 비교할 수 없는 것과 마찬가지이다. 플루트라든지 바이올린이 아무리 4옥타브를 연주하더라도 인간의 흉부에서 울려퍼지는 2옥타브의 감동을 능가하지는 못한다.

이런 차이가 바로 천재만의 독특한 특징이라고 할 수 있다. 그리고 이 특징은 천재적 기질을 타고난 사람들의 작품이나 용모에 이미 뚜렷하게 각인되어 있다. 한 가지 더 지적하자면, 천재들에게서 발견되는 두 개의 지성은 인간의 본능인 의지에 대한 봉사를 거부한다는 사실이다.

삶이 이토록 찢기는 동안에도
그 열매는 익어가고 있음을

Arthur Schopenhauer

　인간의 두뇌는 유기체로부터 영양을 공급받으면서도 정작 유기체의 내적인 활동에는 아무런 도움도 주지 못하는 기생충처럼, 단단하게 은폐된 자신만의 세계에서 독립적인 생활을 영위하고 있다.

　정신적으로 높은 수준의 능력을 타고난 사람들은 모든 인간에게서 공통적으로 발견되는 특징, 즉 개인적 생활 외에도 순수하고 지성적인 제2의 생활이 발견된다. 이 두 번째 생활은 단순히 지식의 증대나 정돈 혹은 증가에 연연하지 않고, 단지 고유한 인식과 통찰의 증가에만 관심을 기울인다.

이 같은 지적인 생활은 본래의 타고난 운명, 예를 들어 경제적 형편이라든지 직업 선택의 자유, 신분상의 제약과는 무관하며 아무런 방해도 받지 않는다. 따라서 지적인 생활을 통해 인간은 자신의 운명을 결정하는 변화에서 해방될 수 있다. 이 지적인 생활은 사유와 배움, 탐구, 수련을 통해 지속되며, 이 같은 생활이 차츰 삶의 가장 중요한 기반으로 자리 잡게 되면 육체적인 삶은 목적을 위한 도구로써 지적인 생활에 예속된다.

이처럼 지적인 생활이 육체적인 생활과 전혀 다른 별개의 삶이라는 예를 우리는 괴테에게서 확인할 수 있다. 그는 전쟁으로 시대가 어수선하고 혼란이 극에 달했음에도 불구하고, 평소 관심이 많았던 색채학色彩學을 연구했다. 당시 괴테는 혼란을 피해 룩셈부르크의 한 작은 도시에 머물고 있었는데, 훗날 그곳에서 자신을 위로해준 유일한 친구는 조그마한 책상 위에 펼쳐진 색채학 노트였다고 고백했다. 이처럼 괴테는 모든 이가 본받아야 할 삶의 모범을 보여줬다.

인간은 지상의 소금으로서 비록 육체적인 삶은 세

상의 풍파에 시달릴지라도 지적인 생활만큼은 항상 유지할 수 있는 정신 상태가 필요하다. 또한 육체라는 시녀의 산물이 아니라 자유로운 정신의 산물임을 항상 명심해야 한다. 우리는 폭풍이 휘몰아치는 언덕 위에서 조용히 잎사귀와 열매를 나부끼는 외로운 나무이다. 이 고독한 문양에 나는 한 줄의 글귀를 더하고자 한다. "내가 이토록 찢기는 동안 저들이 익었노라" 또는 "참혹한 고통을 당했으나 우리는 열매를 맺었다".

이처럼 순수하고 개인적인 지성의 삶이 더욱 확산되었을 때 비로소 인류 전체의 지적인 삶이 가능해진다. 인류의 삶은 경험적 의미로나 초월적 의미로나 항상 의지라는 욕망에 갇혀 있다. 이런 욕망에서 인류를 구원하는 유일한 방법은 학문의 발전을 통해 각 개인이 순수지성을 인식하는 길 밖에 없다. 이로써 철학이 완성되고, 예술이 추구하는 목적이 달성되는 것이다.

인식의 발전과 예술의 완성은 세대가 거듭될수록 서서히 완성되는데, 이 같은 발전이 지속되기 위해서는 뛰어난 몇몇 천재들의 성공뿐 아니라 각 개인이 자신의 인식 범위를 확장하려는 노력도 필요하다. 지적인 생활은 발효 과정에서 비롯되는 진한 향기처럼 세속적인 생활, 즉 인간의 본래적인 의지를 통해 수행되는 실제 생활을 맴돌고 있다. 그리하여 세계사와 더불어 철학과 예술의 역사 또한 굶주린 피에 물들지 않고 도도한 그 흐름을 유지하는 것이다.

> # 그들은 죽은 후에야
> ## 그 존재를 허락받는다
>
> *Arthur Schopenhauer*

    천재라고 불리는 사람들의 머릿속에는 일반적인 세계보다 한 단계 더 심화된 세계가 존재한다. 가장 중요하고 깊이 있는 통찰을 제공하기 위한 조건은 개체의 세밀한 관찰이 아니라, 전체에 대한 파악이다. 그래서 인류에게 가장 중요한 가르침은 역사적으로 항상 천재에게서 기대할 수 있었다. 천재는 자신의 주관적인 사유의 영역을 스스로 객관화해서 일반인에게 제공할 능력이 있기 때문이다. 그러므로 천재적인 능력이란 사물에 대한 특수하고 분명한 의식, 사물과 대립된 위치에 선 자기 자신에 대한 분명한 의식을 가리키는 말이다. 이처럼 인류가 사물과 인류의 본질에 대한 해명을 기대할 수 있는 대상은 천부적으로 이 같은 의식 능력을 타고난 천재뿐이다.

그런데 천재의 탄생은 그리 쉬운 일이 아니다. 필요 이상의 지적 능력을 부여받기 위해서는 여러 가지 조건이 정확하게 부합되어야 하기 때문이다. 이런 경우는 아주 드물기 때문에 한 세기에 한 명의 천재가 태어나도 매우 이례적인 결과로 받아들이게 된다. 게다가 천재가 인류의 승인을 받고 그의 주장이 사실로 인정되기까지 상당히 많은 시간이 소요된다. 대부분의 천재는 이 같은 관문을 통과하지 못하고 평범한 인생으로 전락했다. 천재에 대한 일반 대중의 평가는 매우 잔인할 정도로 까다롭고 편협하다. 첫 번째 이유는 대중이 우둔하기 때문이고, 두 번째 이유는 이 우둔함에서 질투심이 유발되기 때문이다. 대부분의 천재가 갑작스럽게 사람들의 인정을 받게 되는 이유도 대중의 이 같은 감정이 수시로 변하는 덕분이다.

한 사람의 인간이 일반 대중으로부터 천재로 인정

받게 되면, 사람들은 그를 통해 자신들의 고통스러운 나날에서 벗어날 수 있는 한 줄기 희망을 갈구하게 된다. 왜 이토록 삶이 고통스러운가에 대한 해답을 기대하는 것이다. 이처럼 사람들이 천재에게 기대하는 것은 단순히 어떤 사물의 본질을 파악하는 데서 그치지 않고, 일반 대중보다 더 높은 본질에서 출발하는 일종의 계시라고 생각한다.

모든 인간은 그 누구보다도 자기 자신에 대해 더 많은 사실을 알고 있다. 이것은 본질적이고, 필연적이며, 불변하는 진리이다. 즉 다른 사람의 눈에 비치는 그의 모습은 2차적이고, 부수적이며, 우연적이었다는 의미로 달리 해석할 수도 있다. 타인이 나보다 나를 더 많이, 그리고 더욱 자세하게 이해할 수는 없다. 만약 이것이 가능하다고 생각한다면 그것은 현재 자신에 대한 이해가 부족하다는 뜻이다.

그러므로 자신의 고유한 사상을 다른 사람들의 머릿속으로 옮기려는 시도는 특정 지역에서만 자생하는 식물을 외국의 낯선 환경으로 옮기려는 시도만큼 무모한 행동이다. 이 경우 식물은 낯선 환경에 적응하느라 본래의 모습을 잃게 될 것이고, 결국 뿌리째 말라죽게 될 확률이 높다. 마찬가지로 타인의 머릿속에 자신의 사상을 전수했을지라도 그 결과는 언제나 곡해와 왜곡을 거친, 원래의 사상과는 전혀 다른 타인의 사상으로 표출될 것이다.

독창적이고 비범한 사상, 지속 가능한 사상을 탄생시키기 위해서는 습관적으로 반복되는 이 세계와 사물에서 일정 기간 해방되는 것이 필요하다. 익숙한 대상과 사태를 완전히 새로운 관점에서 낯선 모습으로 인식하는 과정을 통해 대상의 참다운 본질을 깨달을 수 있다. 그러나 이것은 단순히 몇 줄의 문장처럼 쉬운 일이 아니기 때문에 누구나 가능한 것은 아니다. 다시 말해 이 또한 천재의 영역이며, 천재가 짊어져야 할 숙명이다. 물론 천재 역시 스스로 독창적인 사상을 만들어내지는 못한다. 마치 여인이 혼자 힘으로 아이를 낳지 못하는 것과 마찬가지이다. 다시 말해 천재에게도 아버지와 같은 외부 요인이 필요한 것이다.

천재의 두뇌를 일반인의 두뇌와 비교하자면 보석 중에서도 홍옥에 비유할 수 있을 것이다. 천재는 자신의 고유한 빛을 발하기도 하고, 또 외부에서 주어진 빛을 반사할 수도 있기 때문이다. 또 한 가지 비유를 들자면 천재는 전기를 만들어내는 발전체發電體이고, 일반인은 이렇게 생성된 전기를 운반하는 유도체이다. 그러므로 천재란 단순히 자신이 습득한 진리를 전파하는 지식인으로 한정될 수 없다. 다시 말해 발전체가 유도체로 전락할 수는 없다는 이야기다.

천재와 지식인의 관계는 원문과 이를 옮긴 사본에 비유할 수 있다. 즉 지식인이 많은 것을 배우고 익힌 사람이라면, 천재는 아무것도 배우지 않았지만 많은 사람에게 자신의 지식을 베풀 수 있는 사람이다. 천재는 바다 위를 홀로 지키는 등대와 같은 존재이다. 어둡고 삭막한 겨울 바다 같은 이 세계에서 인생은 한 줄기 비춰오는 등대의 불빛에 의지해 살아가는 것이다. 만약 이 같은 등대가 없었다면 인생은 그야말로 오류의 시작이고, 그 결과는 폐허였을지도 모른다.

그럼에도 불구하고 본래적인 의미의 지식인들은 천재를 마치 우리 안에 갇힌 토끼 같다고 생각한다. 그들은 이렇게 말한다. "토끼는 살아 있을 때 아무런 도움도 되지 않는다. 죽어야만 비로소 요리가 될 수 있다." 그들은 이런 식으로 수많은 천재들을 살해한 후 그들이 남긴 업적을 통해 간신히 연명하고 있는 것과 같다.

살아가며 기대할 수 있는
유일한 기쁨은 결과가 아닌 노력

Arthur Schopenhauer

　자신이 살고 있는 시대에서 명성을 얻고 싶다면 마땅히 그 시대와 같은 속도로 전진해야 한다. 그러나 동일한 속도로는 결코 위대한 사상이 잉태될 수 없음을 명심해야 할 것이다. 시대와 양립할 수 없는 위대한 사상을 꿈꾼다면 우선 자신의 시선을 미래의 한 점과 일치시키지 않으면 안 된다. 그리고 자신의 목숨과도 바꿀 수 없는 확고한 신념을 바탕으로 다음 세대를 위한 사상을 길러내는 것이다. 이 같은 삶을 선택할 경우, 그는 철저하게 자신이 살고 있는 시대의 핍박을 받게 될 것이며, 살아생전에 동시대인에게 인정받고 싶다는 작은 소망을 포기해야 한다. 마치 무인도에서 살 것을 강요받는 죄수처럼 삭막한 세계에 홀로 내던져지는 셈이다.

그러나 이곳이야말로 자신의 이름으로 비석을 세우기에 알맞은 환경이며, 먼 훗날 누군가 이 비석을 통해 자신의 존재를 확인해줄 수 있다면, 그것으로 인생은 충분한 가치가 있다. 가끔 이런 생활이 너무 힘겹게 느껴질 때 일반인들도 자신의 영역에서 수고에 대한 올바른 대가를 받지 못하고 있으며, 이 같은 불평등이야말로 인간의 숙명 중 가장 참혹한 것이라고 스스로를 위로해보는 것도 좋다.

오늘날 인간은 환경의 도움을 통해 물질적인 생산을 반복하는 존재로 규정지을 수 있다. 하루도 빼놓지 않고 최선을 다해 노동을 하며, 사그라지지 않는 욕망으로 이득을 취하고, 버려진 토지를 개간해 집을 짓고, 결혼을 하고, 자녀를 생산한다. 이 모든 노력이 자신을 위한다는 명목으로 진행되지만 이 같은 수고의 결과는 대부분 후손의 삶을 통해 수확되며, 때로는 죽는 날까지 단 한 번도 노력에 대한 보상을 받지 못하는 경우도 허다하다.

따라서 철학자나 시인이 아니더라도 인간은 누구나 자신의 삶에 대해 "나의 노력을 필요로 하지만 나의 것은 아니다"라고 말할 수 있다. 우리가 이 삶에서 기대할 수 있는 유일한 기쁨은 '내가 무언가를 얻었다'가 아니라 '내가 무언가를 얻기 위해 노력할 수 있었다'에 불과하다. 천재도 자신의 재능에 대한 보답으로 최소한의 존경과 명예를 기대하지만 그의 인생은 반복되는 수치와 경멸에 살아가야 할 이유를 잃고 만다. 타고난 재능도 결국은 그의 것이 아니라 다음 세대를 위한 발판일 뿐이다. 천재나 일반인이나 인생의 의미는 매한가지라는 뜻이다.

물론 천재와 일반인도 현재의 삶을 누리기 위해 지나간 세대의 수고를 사용한 것은 마찬가지다. 이제 우리는 말할 수 있다. 천재가 자신의 능력으로 기대할 수 있는 유일한 보상은 바로 자기 자신뿐이라는 점이다. 그는 언젠가 이 짧은 생애가 시간과 공간을 초월하는 절대적 가치로 추앙받게 되리라는 것을 짐작한다.

자신의 이 고통스러운 삶의 순간이 먼 훗날 사람들의 공감을 얻게 되리라는 희망으로 살아가는 것이다. 이보다 더 충실한 삶이 과연 어디 있을까? 그렇기 때문에 천재들은 현실적인 생활에 유혹당하지 않고, 또 방해받지도 않고 동시대인에게 인정받지 못하는 자신의 세계를 굳건히 지켜낼 수 있었던 것이다.

그들은 자신의 사상과 작품에 대한 신념으로 기대했던 만족을 대신하고, 현재가 아닌 미래를 자신의 상속자로 인정한다. 마치 성인聖人들을 조각해놓은 석고상처럼 사후에야 비로소 사람들의 뇌리 속에 각인되는 셈이다. 한 가지 더 덧붙이자면, 천재가 일반인보다 뛰어난 점은 단순히 그의 잠재된 능력에만 국한되는 것은 아니다. 그들은 주변 환경에 적응하는 유연성과 민첩성을 타고났으며, 자신이 활동할 수 있다는 사실에 만족하는 높은 수준의 도덕적 경지에까지 도달해 있다. 이들을 광대에 비유한다면 누구도 흉내 낼 수 없는 동작으로 사람들의 찬사를 받지만, 이들이 만족하는 것은 타인의 찬사가 아니라 자신이 이 같은 동작을 해낼 수 있었다는 성취감이다.

이렇듯 위대한 사상가는 다른 사람들이 감히 흉내 낼 수 없는 작품과 사상을 창조할 뿐 아니라, 다시 말해 작품과 사상만으로 자신의 위대한 능력을 확인시키는 데 그치지 않고, 평소의 인식과 사유 또한 일반인이 우러를 수 없는 경지를 보여주고 있다.

천재들은 지식의 습득, 문제 해결, 또는 사상의 창조에 대해 그것이 자신에게 유익한가를 계산하지 않는다. 다만 이 같은 활동을 할 수 있다는 것만으로 만족한다. 그의 정신은 아무런 목적 없이 계속적으로 활동하는 것이 가능하기 때문이다. 다시 말해 천재의 타고난 재능은 어떤 의미에서는 그의 것이라고 볼 수 없다. 그 이유는 앞서 말했듯이 자신의 의사와 상관없이 무조건 인식하고, 무조건 사유하며, 무조건 창조하기 때문이다. 따라서 천재에겐 일반인을 괴롭히는 생활의 무미건조함이 이해되지 않으며, 인간 고유의 유전병인 나태와 태만에서 자유로울 수 있다.

과거와 현재의 위대한 사상가들이 남긴 걸작은 오직 이 같은 능력을 타고난 천재들에게만 이해될 수 있고, 본래적인 가치를 인정받을 수 있다. 평범한 인간의 두뇌, 바로 어리석은 인간들은 이처럼 위대한 사상가의 저술을 읽을지라도 그것이 어떤 내용인지 도저히 가늠할 수 없다. 마치 무도회에 처음 참석한 시골 농부가 아무리 즐거운 음악이 흘러나와도 당황스런 표정을 감추지 못하는 것과 같다. 범인凡人은 위대한 철학을 손에 쥐어도 그 의미를 깨닫지 못하고, 단지 시대에 뒤떨어졌다는 인상을 받지 않기 위해 길거리에서 사람들과 악수를 나누듯 책을 펼쳐드는 것이다.

반대로 천재는 자신의 지적 능력에 대한 자극으로, 또는 촉매로 활용하고자 이들의 저서를 읽는다. 그런 의미에서 작가 라브뤼예르의 말은 타당하다고 할 수 있다. "세계의 모든 사상은 자신의 사상을 갖지 않은 자에겐 무용지물이다."

괴테의 정신은 지워지고,
괴테의 생가만 전시되는 사회

Arthur Schopenhauer

사람들은 늘 무언가를 숭배하고 싶어 한다. 그러나 대부분의 경우 숭배는 엉뚱한 곳에서 이루어지곤 하는데, 이처럼 잘못된 숭배는 후대가 그것이 잘못되었다는 결론을 내릴 때까지 계속된다. 하지만 이렇게 시정된 후에도 교육을 받은 대중은 여전히 천재를 숭배하는데, 이는 마치 신앙인이 성자에게 바치는 숭배처럼 박제된 신성에 가까운, 유물적인 성격을 띠고 있다.

수많은 기독교인이 성자가 남긴 생애와 발자취를 제대로 이해조차 못하면서도 그에게 예배를 드리며, 수

많은 불교 신자 또한 붓다의 근원적인 깨달음이나 가르침을 실천할 생각은 하지 않고, 치아 사리라든가 사리탑, 붓다가 생전에 이용했다는 밥그릇, 또는 그가 심었다는 나무를 신앙의 대상으로 삼고 있다. 이와 마찬가지로 바이마르의 괴테 생가, 칸트가 산책할 때마다 쓰고 다녔다는 낡은 중절모 등은 오늘날 천재를 대신하는 유물로 많은 사람에게 존경의 대상이 되고 있지만, 그렇다고 해서 일반 대중이 천재들이 남긴 사상과 업적을 제대로 해석하거나 이해하는 것은 아니다. 이들이 할 수 있는 유일한 일은 멍청히 입을 벌린 채 천재가 남긴 유물들을 바라보는 것뿐이다.

그러나 지성인의 경우, 위대한 사상가가 마음에 품었던 그 대상을 직접 마주 대하고 싶다는 충동을 느끼게 마련인데, 이때 주의할 점은 자신의 객관으로 주관을 이끌어낼 수 있다는 착각과 주관을 통해 객관을 만들어낼 수 있다는 혼동이다. 비유컨대 이들은 한 편의 시를 읽은 후, 이에 대한 감동을 자신의 삶으로 옮기는 것이 아니라 그 시의 소재를 확인하고자 열성적으로 조사하는 사람이라고 볼 수 있다.

예를 들어 누군가 《파우스트》를 감명 깊게 읽었다고 가정하자. 《파우스트》를 읽은 후, 그가 해야 할 행동은 괴테가 그리려 했던 인간의 무한한 욕망과 그 무한한 욕망에 침범당하지 않는 인간의 순수성에 대한 고찰이다. 그런데 이런 부류의 사람들은 파우스트가 실재 인물인지, 혹은 어떤 문헌에 이 같은 전설이 전해지는지, 또는 괴테가 왜 하필 파우스트에 골몰했는지를 파악하려고 한다. 마치 아름다운 무대 장식에 감명받은 관객이 연극은 보지 않고 무대를 받치는 기둥이 어떤 종류의 나무인가를 확인하는 것과 같다. 이는 오늘날에도 파우스트와 파우스트의 전설, 제젠하임의 프리데리케(괴테의 시가집 《제젠하임의 노래》에 나오는 여주인공), 베르테르와 로테가 실제로 누구였는가를 조사하는 비판적인 연구가들을 통해 확인되는 인간의 고유한 습성이다.

우리가 이들을 통해 깨닫는 한 가지 사실은 인간의 흥미를 유발하는 것은 형식이 아니라 소재라는 점이다. 다시 말해 인간은 소재의 활용이나 설명보다는 소재 그 자체에 더 강한 흥미를 느끼는 것이다. 한마디로 인간은 소재형인 셈이다. 어떤 철학자가 무엇에 관한 사상을 남겼는지 연구하는 것보다는 그가 생존할 때 어떤 식으로 살았는지가 더 궁금한 것이다. 이런 자들은 미술품을 감상할 때 그림은 보지 않고 액자에 입힌 금박의 값어치를 계산하는 사람과 다를 바 없다. 작품을 그린 화가의 정신세계보다 액자에서 풍기는 냄새를 맡으며, 어떤 종류의 나무인지가 궁금한 것이다.

물론 그 같은 행동 원리를 어느 정도 이해할 수는 있다. 그러나 어떤 부류의 인간들은 물질적인 관심으로도 모자라 지극히 개인적인 관심을 강요할 때가 있다. 이들은 평생 자신의 관심사만을 조사한다. 또 한 가지 사실은 이들의 관심을 끄는 데 성공한 사건들이 대부분 무가치하다는 점이다.

예를 들어 어떤 위대한 사상가가 자신의 정신세계에서 끌어올린 보물, 즉 위대한 사상을 사람들에게 이해시키고자 한 편의 저술을 완성시켰다고 가정하자. 그리고 이 위대한 작품은 먼 후세에 이르러서도 그 광명의 빛이 전혀 사그라지지 않고, 여전히 인류의 앞날을 비추고 있다고 가정하자. 이때 앞서 설명한 인간들은 어떤 반응을 보일까. 그들은 이처럼 위대한 사상을 이해하지 못하는 데서 비롯되는 자괴감을 치유하기 위해 자신들의 지극히 개인적인 도덕적 판단 기준을 내세워 사상가의 삶을 짓이겨놓는다.

이는 사상가의 철학에 대한 심판이 아니라 그의 삶에 대한 심판이며, 그의 삶에 대한 판결이 곧 그의 사상에 대한 판결로 이어지는 것이다. 한 예로 어떤 작자들은 괴테가 젊은 시절 사랑에 빠졌던 여인과 결혼하는 것이 도리였다고 주장하는가 하면, 그가 단순히 바이마르공에게만 충성할 것이 아니라 민중을 위해, 혹은 독일을 위해 전쟁을 일으켰어야 한다고 주장한다. 대체 괴테의 삶과 그가 남긴 문학이 어떤 상관관계가 있단 말인가. 비록 삶에서 문학이 시작된다고 하지만 인간의 삶은 그 자체로 모순이며, 인간이 이해할 수 있는 영역이 아니다. 우리는 괴테의 삶을 통해 괴테의 작품을 이해해서는 안 된다. 오히려 괴테의 작품을 통해 괴테의 삶을 이해하는 것이 마땅하다.

그런데 우리 시대의 사이비 판사들은 위대한 작품이 자신들의 아둔한 머리로는 쉽게 이해되지 않는다는 이유만으로 그 작품을 탄생시킨 생애를 지극히 주관적인 도덕의 칼날로 난도질하고 있다. 그리고 언젠가 자신의 손에 들고 있는 그 칼날로 자신의 삶을 도려내는 날이 반드시 도래할 것이다.

그럼에도 불구하고
고독을 선택한 이들에 대하여

Arthur Schopenhauer

　　재능 있는 인물이 일을 하는 까닭은 돈과 명예 때문이다. 그러나 천재를 활동하게 만드는 동기는 그리 쉽게 관찰되지 않는다. 물질적인 풍요가 천재에게 활동의 빌미로 작용하는 경우는 극히 드물다. 명예 또한 동기로서는 뭔가 부족해 보인다. 지구상에서 이런 생각이 가능한 민족은 오직 프랑스인뿐이리라. 명예는 너무나 불안정한 자극이며, 세월이 지날수록 허무해지는 가치이다.

네게 돌려진 명예는

결코 네가 흘린 노력에 대한 보답이 되지 못한다.

− 호라티우스, 〈풍자시〉

　어쨌든 명예가 그리 즐거운 경험이 아닌 것만은 틀림없다. 명예를 얻게 되었을 경우, 기쁨은 명예를 유지하는 데 필요한 긴장에 압도당하기 때문이다. 명예는 이를 얻은 자에게 엄청난 정신적 긴장을 요구하기 때문에 기쁨과는 거리가 멀 수밖에 없다. 이것은 명예의 형태적 본능인데, 이 본능이 때로는 천재를 자극해 자신의 모든 정신 활동에 대한 성과를 한 편의 작품으로 쏟아내고 싶다는 충동을 유발시키기도 한다. 그러나 이런 경우에도 천재는 더욱 직접적인 동기는 의식하지 못하는 수가 많다.

　명예는 나무가 열매를 맺는 것처럼 필연성에서 발생한다. 이때 필요한 것은 나무를 자라게 하는 대지뿐이다. 마치 개인의 생존을 향한 의지가 전 인류의 정신으로 의식되는 것과 마찬가지다. 즉 희귀하게 나타나는 우연에 의해 지성은 명석이라는 발전에 도달하고,

그 발전은 우선 천재 개인의 내면을 충족시킨다. 그리고 그 만족을 발판으로 천재는 개인의 본래적 가치를 뛰어넘는 현상을 추구하게 되는데, 그것이 바로 인류를 위한 자기희생이다. 비록 희생이지만 천재의 경우 그 희생이 만족의 조건이 되는 셈이다. 게다가 이런 종류의 만족은 천재의 직접적인 활동이 아닌, 저작물이라는 일종의 간접 활동을 통해 기대하는 특징이 있다. 그리고 만족의 조건이 자기희생이라는 데서 짐작할 수 있듯이 천재는 자신이 누릴 수 있는 현재의 성과보다는 내일을 기약한다.

이로써 천재가 왜 현재의 보수나 명예에 그토록 담담할 수 있는지가 설명되었다. 천재를 만족시키는 시점은 앞서 살펴봤듯이 현재가 아니라 미래이다. 그렇기 때문에 오늘 안락한 생활을 누리는 것보다는 내일 맺어질 열매를 위해 모든 노력을 기울일 수 있는 본능이 생겨난 것이다.

이때 천재의 머릿속에는 먼 훗날 자신이 어떤 평가를 받게 될 것인가에 대한 두려움으로 가득 차 있다. 바로 지금 창 밖에서 들려오는 조롱 같은 소란으로는 천재를 무너뜨릴 수 없다. 그러나 먼 훗날 인류의 다음 세대가 자신의 활동을, 즉 열매를 거부할지도 모른다는 두려움은 천재를 한순간에 나락으로 떨어뜨릴 만큼 광포한 힘을 소유하고 있다.

역사상 천재로 기억된 자들 중 허무한 종말을 선택한 자들도 많은데, 그 종말은 현세에서 인정받지 못한 데 대한 자괴가 아니라 미래에 자신이 기억될 수 없다는 두려움에서 시작되었다고 봐야 한다. 그가 기대하는 유일한 명예는 세월이 지나면서 자신을 이해해줄 사람들이 등장하는 데 있다. 이는 자신이 예술가임을 비탄하는 괴테의 말에서도 확인된다.

> 재능을 중히 여기는 군주,
> 나와 함께 즐거움을 나눌 친구,
> 슬프게도 내겐 이런 사람들이 없다.
> 수도원을 가득 메운 것은 아둔한 인간들뿐,
> 그리하셔 나는 친구도 없이,
> 제자도 없이 하루 종일 괴로워한다.
> -〈예술가의 신화〉

천재의 작품은 신성한 유산으로서, 그의 생애가 맺은 참다운 결실로서 인류의 심판을 받기 위해 동시대인이 아닌, 다음 세대를 기다리는 인내가 필요하다. 그리고 무엇보다 중요한 것은 다음 세대가 도래하기까지 소중히 보관되어야 한다는 점이다. 이것이 그의 목적이며, 그렇기 때문에 언젠가 월계관으로 바뀔 가시면류관조차 견딜 수 있게 되는 것이다. 천재가 자신의 작품을 완성시키고 보존하기 위해 기울이는 노력은 곤충이 죽는 순간까지 품에서 알을 떼어놓지 못하는 본능만큼 처절하다.

정말 사물이
'있는 그대로' 볼 수 있을까

Arthur Schopenhauer

    물자체物自體, 즉 사물의 본질이란 인간의 지각과 관계없이 존재하는 현상이다. 따라서 존재의 진정한 의미라고 말할 수 있다. 고대 그리스의 철학자 데모크리토스는 이를 가리켜 형태로서 존재하는 하나의 물질이라고 규정한 바 있으며, 로크 또한 근본적으로 이와 동일하게 생각했다. 칸트는 이를 인식할 수 없는 X로 표현했으며, 나는 의지라고 정의 내렸다.

    데모크리토스가 이 같은 문제를 고찰한 선구자였다는 점에서 우리는 그를 이 분야의 위대한 철학자 중

한 사람으로 꼽고 있다. 또 실제로 많은 철학자들이 그가 남긴 저작에서 철학의 실마리를 발견해왔다. 그러나 시간이 흐르며 그의 논리에서 약간의 오류가 발견되기 시작했다. 다음의 구절은 오늘날 가장 광범위하게 인용되는 데모크리토스에 대한 반박이다. "데모크리토스는 감각에 의해 생성되는 현상을 부인하는 잘못을 저질렀다. 본질적인 현상을 통해 설명되는 것은 단지 개인의 주관적인 소견뿐이다. 그런데 데모크리토스는 실재하는 현상은 오직 원자와 원자가 차지하는 공간뿐이라고 주장한다."

이것은 매우 명확하고 정확한 반론이다. 이에 덧붙여 나의 두 가지 반론도 소개하기로 한다. "인간은 각각의 사물이 어떻게 존재할 수 있는지, 또 어떻게 존재하지 않을 수 있는지 전혀 모르고 있다." "사물의 본질을 꿰뚫는다는 것은 사실상 불가능하다."

앞선 반론과 위의 두 문장이 나타내고자 하는 주장은 "인간의 인식은 사물이 어떤 형식으로 존재하는가를 파악하는 것이 아니라 어떻게 표현되었는가를 파악하는 데 지나지 않는다"와 같은 의미를 내포하고 있다. 상술한 바와 같이 명확한 유물론에서 출발한 철학은 관념론이라는 낯선 길을 더듬어 결국 오늘에 이르렀다.

사물의 본질과 사물의 본질에 의해 생성된 현상 간의 구별, 이것은 칸트에서 시작된 구별이며, 스토바이오스가 후세에 전한 그리스 철학자 포르피리오스가 남긴 저작의 한 구절 속에서도 같은 내용을 발견할 수 있다. "세계는 감상적 존재와 물질적 존재로 이루어진다. 그리고 이들 감상적 존재와 물질적 존재는 모두 분산되어 있다. 변화될 수 있는 것은 오직 진실뿐이다. 그렇다면 진실은 무엇인가. 실재와 그 존재의 본질에서 비롯된 현상 사이의 동일성, 그것이 바로 진실이다."

우리는 왜
표상만 맴도는가

Arthur Schopenhauer

    우리가 어떤 현상을 이해했다고 말할 때 그것은 어디까지나 표상에 한해서다. 따라서 인간의 인식은 본질적으로 표상의 영역을 맴도는 데 불과하다. 그렇기에 우리가 이해할 수 있는 세계 역시 표상을 통해 드러나는 '현상'에 한정된다. 만약 사물의 본질, 즉 물자체를 직접 인식할 수 있다면, 그 순간엔 더 이상 표상이라는 형식이 필요 없어지고, 현상 역시 소멸한다.

    이에 반해 의식에는 존재가 스스로 등장하고, 존재는 자신을 의지로서 자각하게 된다. 만일 자기의식이 직접적인 현상으로 나타날 경우, 우리는 사물의 본질을 언제 어디서나 충분히 인식할 수 있을 것이다. 그러나 자기의식은 "의지가 자신의 유기적 본질과 그 일부를 통해 지성을 창조하고, 이렇게 생성된 지성으로 무엇인가 욕망할 때 비로소 자신의 의식 속에서 자신을 의지로 발견한다"는 주장이 전제되어야만 가능하다. 그러므로 사물의 본질, 즉 물자체에 대한 인식은 첫째, 그 속에 이미 포함되어 있는 인식자와 인식 대상의 분리라는 조건의 제약을 받게 되며, 둘째, 뇌수의 자기의식에서 분리될 수 없는 시간이라는 형식에도 이미 일정한 조건이 부여된 것이므로 그 같은 인식으로는 결론에 도달할 수 없다.

물자체와 현상의 구별을 바꿔 말하면 사물의 주관적 본질과 객관적 본질의 구별이라고 말할 수 있다. 여기서는 사물의 주관적인 본질이 곧 사물의 본질이 된다. 그러나 본질이 인식의 대상으로 발전할 수는 없다. 인식의 대상이 되기 위해서는 항상 인식하는 의식 속에 표상으로서 현존하는 본질적인 조건을 만족시켜야 한다. 그리고 이때 의식으로 나타나는 어떤 표상이 바로 사물의 객관적 본질이 되는 것이다. 따라서 인식의 대상이란 이 같은 표상을 말한다. 그런데 대상이 존재하는 이상, 즉 단순한 표상에 불과한 이상 고유한 성질에서 파생되는 어떤 법칙, 다시 말해 특정한 표상적 활동이 매개되지 않으므로 어떤 물자체와 관련될지라도 어디까지나 단순한 현상에 불과하다.

여기서 중요한 사실은 어떤 사물이 자신의 의식, 즉 자기 자신을 인식하는 자아인 경우도 마찬가지라는 점이다. 자아 또한 그의 지성, 즉 표상을 출현시키는 어떤 현상을 통해서만 자신을 인식할 수 있기 때문이다. 구체적으로 말하면, 외부 감각을 통해 자신을 어떤 유기적 형체로서, 또는 내부 감각을 통해 자신을 하나의 의지로서 인식하는 것이 가능해진다. 자아는 이 같은 현상이 어떤 연상 작용을 통해 계속적으로 반복될 때 그 의지의 작용이 형체에 의해 동시에 반복되는 것을 보고, 이로부터 양자의 동일성을 규정하는 한편 그 결과에 대해 자아라는 정의를 내리게 된다.

그 이유는 첫째, 이 같은 이중적인 인식을 위해서이며, 둘째, 지성이 이에 대한 근원, 또는 근저라고 할 수 있는 의지에 매우 접근해 있기 때문이다. 이 같은 자기의식은 객관적 본질에 대한 인식, 즉 현상에 대한 인식과 주관적 본질, 즉 물자체에 대한 외부 감각에 의한 인식보다, 다시 말해 다른 사물과의 비교를 통한 인식보다 훨씬 뒤떨어지는 경향이 있다.

자기의식이 오직 내부감각을 통해 인식되는 한, 거기에는 약간의 시간적 형식이 뒤따를 뿐 공간의 형식은 아무런 의미를 갖지 못한다. 그리고 물자체에서 이런 조건들을 분리시킨 장본인은 주관과 객관의 분열 및 시간에 대한 형식이다. '자연의 의지'에 대해 나는 줄곧 물리적 천문학의 항목을 통해 어떤 사건이나 사태가 명료하게 이해될수록 그것들은 단순한 현상에 귀속되며, 본질적인 존재와 관련될 수 없다는 사실을 증명해왔는데, 이는 상술한 논지와도 결부되는 진리이다.

자연은 답하고 있다,
우리가 잘못 묻고 있을 뿐

Arthur Schopenhauer

　자연에서 활동 중인 어떤 동물의 생태적 습성을 관찰했을 때, 즉 그 동물이 현실적으로 존재하고, 생활하며, 번식하고 있는 상태를 직관으로 고찰해봤을 때 이에 대한 많은 사실들이 동물지動物誌나 동물분류학 같은 연구를 통해 상당 부분 밝혀졌음에도 불구하고, 우리에겐 항상 이해하기 힘든 일종의 비밀처럼 느껴지곤 한다.

　자연은 이처럼 완고하며, 인간의 질문에 대해서도 항상 입을 굳게 다무는 것처럼 보인다. 어쩌면 모든 위대한 사물들이 그렇듯이 자연도 솔직하게 자신의 진실을 보여주고 있는지도 모른다. 오히려 이를 받아들이는 인간이 자연을 왜곡하고 편협하게 받아들이는 것일 수도 있다. 따라서 자연이 우리의 질문에 대답하지 않는 이유는 인간의 질문 방식이 잘못되었기 때문이다. 즉 잘못된 전제에서 질문이 시작되었다든가, 혹은 어떤 모순을 내포하고 있기에 자연이 대답할 수 없는 것이다.

원인과 결과의 연관성을 아무리 심도 있게 추구하더라도, 영원히 그리고 본질적으로 우리가 원하는 진실이 발견될 수 없는 장소에서도 충분히 존재할 수 있다는 가설은 결코 진리로 인정받지 못하게 될 것이다. 자연이 이처럼 인간의 능력으로 이해하기 어려운 까닭은 원인과 결과로 해석되지 않는 영역에서 우리가 존재하지도 않는 원인과 결과를 찾아 탐구하고, 예상치 못한 수로水路를 만날 때마다 연속적인 인과관계를 추구하기 때문이다.

즉 인간은 자신이 경험하는 모든 현상에 대해 자연의 내적인 근거로서 어느 정도의 확률을 포함하고 있는가를 규정하고자 노력한다. 이를 소위 '근거율'이라고 표현하는데, 근거율은 우리의 지성이 사물의 현상, 다시 말해 그 표면을 받아들이는 데 필요한 형식에 지나지 않는다. 그럼에도 우리는 이를 통해 현상을 초월할 수 있다고 믿는다.

근거율을 파악하는 것은 분명 현상의 내부를 이해하는 데 큰 도움이 된다. 이에 대해서는 어떤 특정 동물의 생존과 그 출생을 예로 들어 설명할 수 있다. 동물의 출생은 그것이 어떤 형태를 통해 진행되든 간에 거의 유사한 원인으로 발생한다. 즉 근본적으로 신비로울 게 전혀 없다. 결과에 대해서도 마찬가지다. 알에서 태어난 생물은 알을 통해 출산하고, 포유동물은 결코 알을 낳지 않는다. 여기서 원인은 '알에서 태어났다'이며, 결과 또한 '알에서 태어났다'이다. 이것은 형태만 다를 뿐 포유동물도 같은 인과관계를 지닌다.

결국 출생이라는 활동은 개체의 특성에 따라 형태는 다를 수 있어도 인과관계는 모두 동일한 셈이다. 다시 말해 형태적 차별이 본질적 차별로 진전될 수 없다. 요컨대 현상은 어디까지나 현상에 지나지 않으며, 어떤 상황이나 인과관계에 의해서도 물자체가 될 수 없다는

쇼펜하우어, 나를 깨우다

사실을 깨닫게 된다. 사물의 내적 본질은 이처럼 근거율과는 별다른 상관관계가 없다. 중요한 것은 사물의 본질이며, 이것은 오직 순전한 의지를 통해 구현될 뿐이다. 비록 구현된 현상이 본질을 구별하는 근거가 될 수는 있어도 결과인 현상으로 인해 의지라는 원인이 새롭게 도출되지는 않는다. 의지는 오직 의지하기 때문에 존재할 수 있고, 다만 존재하기 위해 의지할 뿐이다.

모든 사물의 근본적인 성질은 무상無想이다. 우리가 자연 속에서 발견하는 모든 현상은 금속으로부터 유기체에 이르기까지 첫째로는 현실적인 존재에 의해, 둘째로는 다른 사물과의 조우에 의해 상호 간에 마멸되고 있다.

이처럼 자연은 여러 가지 형태를 유지하면서 개체를 차례로 초월하고, 동일한 생명 과정을 무수하게 반복하는데, 만일 자연의 고유 핵심이 어떤 무시간적인 것, 즉 이질적인 물자체나 형이하학적(자연적)인 존재가 아니었다면, 다시 말해 서로 다른 성질을 보유한 형이상학적인 존재들이 아니었다면 자연은 무한히 영속되는 시간을 통해 활동을 계속적으로 반복할 수 없었을 것이다. 따라서 자연의 핵심은 우리의 내부, 또는 모든 사물의 내부와 마찬가지로 의지이다.

보이지 않아도
존재하는 것들

Arthur Schopenhauer

우리는 어둠 속에서 헛된 시간을 소비하고 있으며, 현실을 전혀 이해하지 못한 채, 또는 현실과 우리 사이에 놓인 연관성을 이해하지 못한 채 살아가고 있다. 그러므로 인간의 삶은 그 수명이 짧을 뿐만 아니라 본래의 인식 또한 탄생 이전으로 거슬러 올라가거나 사후의 저편을 바라보지 못한 채 이처럼 짧은 일생 동안 한정된 시야만을 갖게 된다. 인간의 의식은 순간적인 번개처럼 일순간만 어둠을 밝힐 수 있다. 마치 정체를 알 수 없는 어떤 악령이 우리가 습득한 지식을 억제하고 있다는 생각이 든다. 마치 인간의 고통이 자신의 유일한 기쁨인 것처럼 우리를 곤혹스럽게 만들면서 즐기는 것 같다. 이것이 바로 어둠에 대한 인간의 인식이다.

그러나 사실부터 말하자면 위의 인식은 정당한 인식이라고 볼 수 없다. 그 이유는 다음과 같은 근본적으로 잘못된 관점에서 생긴 환상에 불과하기 때문이다. 여기서 근본적으로 잘못된 관점이란 "사물은 지성에서 시작되기 때문에 현실성을 띠기 전까지 지성의 내부에서 단순한 표상으로 존재할 뿐이다. 따라서 인식에서 발생되는 지성과 마찬가지로 어떤 사물 또한 인식에 의해 충분히 규명될 수 있고, 지성보다 앞서 정의할 수 있다"는 주장이다.

그러나 실제로 사물의 본질은 우리가 전혀 알 수 없다고 포기하는 부분, 즉 인간의 인식 능력에 포함되지 않는 활동을 전개하는 불가사의한 표면, 다시 말해 표상으로 정의할 수 없는 영역이야말로 사물의 진정한 본질인지도 모른다. 모든 인식은 표상의 영역에 속해 있기 때문이다. 즉 모든 인식은 표상을 만들지만 이 표상은 어디까지나 관념의 현실화, 다시 말해 존재의 외부에 지나지 않는다. 따라서 부차적이고 부수적인 성격을 띠며, 사물과 세계의 존립을 위해 필요하다기보다는 개별적인 존재들의 유지를 위해 필요할 뿐이다. 그러므로 어떤 사물에 대한 개념의 현실화는 우연성에 기인한다고 볼 수 있다. 쉽게 말해 매우 한정된 형태로 인식되는 것이다. 그리고 이 같은 인식은 주로 동물적 감각으로 묘사되며, 이 묘사에서 가장 중요한 것은 의지의 목적물이다.

이런 우연에 의해 공간과 시간으로 표현되는 이 세계가, 즉 표상으로서의 세계가 현존하게 되는데, 이 세계는 인식의 범주를 벗어나는 순간 더 이상 이 같은 형태의 현실성을 갖지 못하게 되며, 비록 그 내적 본질은 실재할지 몰라도 현실 존재를 의존하지는 않는다. 그런데 상술한 바와 같이 인식은 동물적 개체를 유지하기 위해 존재하므로 인식의 성질, 또는 시간이나 공간 같은 형식에 개체의 목적을 부합시켜야 한다. 그리고 이들 목적에 필요한 것은 각각의 현상 사이에 존재하는 상대적 관계와 인식뿐이며, 사물과 세계 전체에 대한 인식은 필요하지 않다.

칸트는 형이상학적 문제에 대해 인간 이성이 그것을 직접 해결할 수 없으며, 다만 일정한 한계 내에서만 신중한 접근이 가능하다는 점을 입증했다. 이 입증은, 이러한 문제들이 시간·공간·인과율 같은 이성의 선험적 형식에서 비롯되었다는 전제를 바탕으로 한다.

인간의 지성은 행위의 원인이 되는 의지와도 밀접하게 연관되며, 칸트는 지성이 의지의 목적과 그 수단을 규정하는 역할을 한다고 보았다. 그러나 만약 지성이 사물의 본질이나 세계 전체, 혹은 그로부터 유래하는 현상들을 인식하는 것을 본래적 목적이라 주장한다면, 기존의 선험적 형식만으로는 부족하다.

그럴 경우, 지성은 세계와 자아 사이의 근원, 목적, 발단과 종말 같은 형이상학적 문제들(이를테면 의지의 자유나 세계의 존속과 같은 문제들)을 새롭게 구성하거나 창출해내야만 할 것이다. 이는 곧 지성이 스스로의 한계를 넘어 자기파괴적 모순에 직면할 위험을 내포한다.

그런데 여기서 이들 형식이 제거되었다고 가정해보자. 그 대신 사물에 대한 의식은 남아 있다고 가정할 때 이들 문제는 해결되지 않는 것은 물론이고, 이 같은 표현조차 무의미하게 여겨질 것이다. 왜냐하면 설명한 것처럼 사물은 형식에서 발생하였으며, 모든 형식은 세계와 현실에 대한 객관적인 이해가 아니라 인간의 개인적인 목적을 위한 이해이기 때문이다.

지금까지 설명한 것은 "지성의 모든 형식은 단순히 내재적으로만 사용되어야 하며, 초월적으로는 사용될 수 없다"는 칸트의 학설을 살펴본 것이다. 즉 창설자인 칸트가 오직 자신의 주관적인 이해를 바탕으로 기초를 다진 학설에 대해 하나의 해설과 객관적인 기초를 제공한 데 지나지 않는다. 따라서 칸트의 학설 대신 "지성은 형이하학에 속하며, 형이상학이 될 수 없다"고 말할 수 있다. 즉 지성은 의지가 객관화된 형태이며, 의지에서 발생했으므로 지성은 오직 의지를 만족시키기 위해서만 존재할 수 있다. 그런데 이 같은 봉사는 자연의 내부에서 진행되는 활동에만 해당되며, 자연의 질서를 초월하는 존재와 별다른 관계가 없다.

모든 동물은 먹이를 발견한 후 그 먹이를 먹기 위한 목적을 달성하기 위해 지성을 갖추게 되는 것이므로 당연히 지성이 미치는 범위도 한정되어 있다. 이런 상태는 인간 역시 마찬가지다. 다만 인간의 경우 자기보존이 더욱 애매하며, 따라서 생활에 필요한 요구가 무한히 증가될 수 있다는 점 때문에 지성의 범위도 훨씬 커졌다는 가설이 제기될 수 있을 뿐이다.

지성의 표준적인 정도가 어떤 이상 현상에 의해 초과될 때 봉사에서 완전히 해방된 잉여가 발생하며, 그리고 이것이 현저하게 나타나는 경우를 우리는 천재라고 부른다. 이처럼 지성은 일정 부분 객관성을 띠기도 하지만, 어느 정도 형이상학적인 수준에 도달하고자 노력할 만큼 발전할 수도 있다. 이 같은 객관성의 결과로 자연, 즉 사물이 지성의 대상 및 문제로 발전하기 때문이다. 다시 말해 객관화된 지성을 통해 비로소 자연은 자신이 "존재하고 있지만 존재하지 않을 수도 있다는 점, 또는 다른 모양으로 존재할 수 있다는 것"을 자각하게 된다.

이에 반해 단순히 일상적인 지성은 마치 방앗간이 자신의 내부에서 물레방아가 도는 소리를 듣지 못하고, 향수를 파는 사람이 자기 가게에서 풍기는 향내를 맡지 못하는 것처럼 자연은 지성에게 인식되는 본연의 자기를 깨닫지 못하게 된다. 이처럼 객관화된 지성에 의해 자연은 자명한 질서로 판명되고, 또 지성은 이런 자연의 일부로 스스로를 자각하며 살아가는 것이다.

그러나 어떤 특정한 순간, 지성은 자연의 실체를 접함으로써 거의 공포에 가까운 감정을 느끼게 되는데, 그것은 자연의 위협을 받았다기보다는 자신의 능력으로 이해할 수 없는 형이상학적인 영역과 맞닥뜨린 데서 비롯되는 감정이라고 할 수 있다. 이것은 평범한 두뇌의 소유자가 철학에 대해 맹목적으로 품는 감정과 유사하다고 볼 수 있다. 만약 지성이 그 본질상 형이상학적이었다면, 우리는 철학뿐 아니라 모든 학문적인 영역에서 지금보다 훨씬 뛰어난 업적을 기대할 수 있었을 것이다.

생각이 깊은 사람은
왜 현실에 약할까

Arthur Schopenhauer

인간의 모든 인식과 학문이 존재할 수밖에 없는 근본적인 원인은 우리가 설명할 수 없는 미지의 영역에 속한다. 그러므로 인간의 인식이 머물고 있는 근본적인 영역을 설명하기 위해서는 인간과 정신 사이에 놓인 중간 항목들을 자세히 살펴봄으로써 조금씩 본질에 대한 규명을 완성시키는 것이 사실상 거의 유일한 방법이다.

이는 마치 바다 깊이를 측량하는 데 사용되는 납 덩어리가 처음에 기대했던 바다의 가장 깊은 곳에 닿기는커녕, 오히려 여러 높낮이의 바다 밑에 닿게 되어 애초에 원했던 결과, 즉 바다의 진정한 깊이를 측량하겠다는 의도를 더욱 복잡하게 만드는 것과 같은 원리이다. 이처럼 인간이 제아무리 노력하더라도 결국 그 진실을 규명할 수 없는 것, 이것이 바로 형이상학의 본질이다.

지구상의 모든 인간이 위의 경우에 해당하는 삶에서 벗어나지 못하는 것처럼 생각되는데, 이 경우에는 인생을 살아가면서 밝혀지는 결론들까지 포함된다. 나는 하나의 인간이라는 것, 그리고 인간이라는 자격으로부터 어떤 결론도 추론해내지 못한다는 것을 잘 알고 있다. 이것은 매우 중요한 깨달음이다. 왜냐하면 첫 번째 명제, 다시 말해 자신이 인간이라는 것보다 두 번째 명제, 즉 인간이라는 자격으로부터 어떤 결론을 이끌어내야 한다는 일종의 사명감에 단순한 생존보다 더 큰 의미를 부여하는 소수의 사람들을 일컬어 우리는 철학자라고 부르기 때문이다.

그렇다면 일반인과 철학자가 선택한 삶의 명제에서 도출되는 가장 큰 차이점은 무엇일까. 보편적인 인간은 사물을 관찰할 때 개별적인 특성만을 살펴볼 뿐 사물의 보편적인 특성에 대해서는 거의 무감각하다. 단지 이들 중 조금 높은 지적 능력을 타고난 극소수의 사람만이 자신의 지적 능력이 향상되는 속도에 맞춰 개별적인 사물들 속에서 사물의 보편적인 특성을 찾아낼 뿐이다.

이 차이점은 인식 능력 전반에 해당되므로 사물을 바라보는 눈높이가 인생을 바라보는 직관에 상당한 영향을 끼치고 있음을 알게 된다. 따라서 사물과 인생의 본질을 정의하는 직관의 경우, 지적 능력이 타인보다 향상된 사람의 두뇌 속에서 이뤄지는 직관과 평범한 사람의 두뇌 속에서 이뤄지는 직관은 결코 동일할 수 없다는 결론이 내려진다. 이처럼 순간순간 발생하는 개별적인 상황을 통해 보편적인 어떤 질서를 찾아내려는 인간의 행위를 가리켜 나는 '인식의 가장 순수한 영역', 또는 '의지가 사라진 주관'이라고 부른다.

지난날 플라톤이 이데아론과 더불어 주관적인 상관개념의 대립으로 정의했던 내용과 일치하는 부분이기도 하다. 인식은 사물을 꿰뚫는 보편적인 질서를 향할 때만이 진정으로 의지에서 해방될 수 있으며, 이와 반대로 욕구는 개별적인 사물화를 꿈꾸는 인간의 의지에서 비롯되는 것이다. 이것이 나와 플라톤이 개별적인 현상을 바탕으로 발견한 보편적인 가치이다.

따라서 동물들의 인식은 애초부터 엄격하게 개별화되어 있고, 그들이 가진 지적 능력은 오직 그들의 의지에 봉사하는 역할만 수행할 수 있는 것이다. 그러나 인간만이 누릴 수 있는 특수한 환경, 예를 들어 철학이라든가 시, 예술과 같은 학문은 짐승의 인식이 감히 침범할 수 없는 특수한 정신의 낙원이다. 이곳에서 참된 업적을 이룩하기 위한 필수조건은 바로 모든 인생과 사물에 동일한 조건으로 깃들어 있는 질서를 꿰뚫는 것뿐이다.

맹목적인 의지를 위해 봉사하는 지성에 대해서는, 즉 눈에 보이는 실제적인 조건을 충족시키기 위해 사용될 때 존재할 수 있는 것은 오직 개별적인 사물이다. 예술과 학문을 추구하는 지성에 대해서는, 즉 의지에서 벗어나 독립적인 활동을 요구하기 위해 지성이 사용될 때 종속이라든지 부류처럼 사물의 이데아를 구별하는 보편성만이 존재한다. 예를 들어 조형예술가의 경우, 그 역시 같은 목적을 추구함으로써 구별되는 조형예술가 부류의 한 개체일 뿐이며, 이는 의지가 오직 개별적인 사물을 마음에 두고 있다는 동일한 조건에서만이 가능해지는 구분이다.

이 개별적인 사물이야말로 의지가 추구하는 본질적인 대상이다. 이들 개별적 사물만이 경험에 대한 실재성을 보유하고 있기 때문이다. 이에 반대되는 개념, 혹은 종속적인 관계, 부류는 아주 간접적으로만 의지의 대상이 될 수 있다. 따라서 지적 능력이 결여된 일반인들은 보편적인 진리에 대한 이해가 원천적으로 불가능하다.

그러나 천재는 개별적이라는 표현을 '사소하다'고 이해하기 때문에 실제 생활에서 개별적인 상황을 요구받을 때마다 일반인과 달리 적응하지 못하고 도태되는 경향이 있다.

지금 '철학자'인
사람들에게 묻습니다

Arthur Schopenhauer

　　철학에 요구되는 것은 다음과 같은 두 가지 사항이다. 첫째, 어떤 문제도 마음에 깊이 새겨두지 말고, 어떤 대상을 향해서라도 과감히 질문할 수 있는 용기이다. 둘째, 아무리 자명한 이치일지라도 외부의 강압에 의해서가 아니라 하나의 문제점으로 파악하여 분명하게 의식할 수 있는 결단이다.

　　마지막으로 철학이 가장 필요로 하는 정신은 무엇보다도 여유로운 마음가짐이다. 정신은 그 어떤 목적에도 구애받아서는 안 되며, 목표를 뒤쫓아서도 안 되고,

욕망을 향한 의지와 어깨를 나란히 해서도 안 된다. 인생은 개인의 내면에서 세계를 하나로 통일시키는 고유한 직관이며, 직관에서 도출된 계시는 어떤 경우이든 받아들여야만 한다.

그럼에도 불구하고 이 시대의 자칭 철학자와 교수라는 부류들은 자신의 개인적인 이해관계에 더 많은 직관을 남용하고 있다. 그들에게서 찾아볼 수 있는 직관의 진정한 의미란 이에 국한된다. 그 때문에 우리 주변에 흩어진 수많은 진실들을 그들은 전혀 알아보지 못한다. 이런 교수들에게 일생에 단 한 번이라도 철학적인 문제와 맞닥뜨려 진정한 자기성찰을 감행할 수 있는 능력과 용기가 있다고는 결코 생각되지 않는다.

대중은 사상가의 이름을
권위로 받아들인다

Arthur Schopenhauer

시인에겐 인생의 모습과 인간의 성격, 그리고 미래에 닥칠 상황들을 미리 가늠할 수 있는 능력이 있다. 그들은 이렇게 발굴해낸 상황들을 독자 앞에 펼쳐놓고는 각자의 정신 수준이 미치는 범위 내에서 마음껏 유린할 수 있는 기회를 제공한다. 이 같은 특수한 능력 덕분에 시인은 전혀 반대되는 능력을 가진 사람들, 예를 들어 현자나 사상가를 동시에 만족시킬 수 있다.

이와 반대로 철학자는 시인처럼 인생 그 자체를 확인시켜 주는 대신, 인생에서 이끌어낸 자신만의 완성된 사상을 보여줌으로써 독자에게 자신과 똑같이 생각할 것을 강요한다. 따라서 시인의 추종자는 엄청난 수를 헤아리지만, 철학자를 추종하는 자들은 예부터 극소수에 불과했다. 시인이 꽃을 보여준다면, 철학자는 꽃잎에 가려진 정핵을 보여준다고 비유할수 있다.

한 편의 시가 하나의 고유한 사상보다 더욱 위대하게 느껴지는 이유는 다음과 같은 원인들 때문이다. 우선 시인의 작품은 서로 어긋나지 않고, 작품마다 연관성을 꾸준히 유지한다. 그 작품들은 단순히 공존하는 것으로 그치지 않고, 특별히 이질적인 성격의 작품에서도 시인의 고유한 정신세계를 동일하게 감상할 수 있다. 반면에 모든 철학적 체계는 이 세계에 모습을 나타내자마자 그 즉시 형제들의 멸망을 갈망한다. 이는 마치 이슬람 술탄의 즉위식을 질투와 분노로 응시하는 수많은 정적들의 눈빛과 같다. 모든 벌집을 불문하고 오직 한 마리의 여왕벌만이 살아남을 수 있듯이, 이 세계에는 단 하나의 철학만이 공인받을 수 있는 것이다.

체계란 마치 거미처럼 비사교적인 성격을 갖고 있다. 자신이 쳐놓은 거미줄에서 살아남을 수 있는 존재는 일정한 체계를 통해 그 같은 거미줄을 쳐놓은 당사자뿐이다. 거미가 거미에게 다가가는 것은 투쟁을 위해서이다. 한 편의 시가 목동의 지팡이에 의지해 풀밭을 뒹구는 어린양들이라면, 사상은 살아남는 것을 목적으로 상대방의 목덜미에 어금니를 꽂아야만 하는 전갈의 일생에 비유할 수 있다.

여기서 파괴욕은 동족과 마주칠 때 극에 달하며, 탐욕은 아직 세상에 태어나지도 않은 유충을 발견했을 때 꺼지지 않는 지옥의 불길처럼 이글거린다. 그들은 오늘도 그리스신화에 나오는 영웅 이아손이 죽인 거대한 용의 이빨에서 튀어나온 병사들처럼 서로 힘이 빠질 때까지 싸우고 있다. 이 싸움이 시작된 지도 벌써 2,000년이라는 세월이 흘렀다.

그렇다면 여기서 묻지 않을 수 없다. 과연 이 같은 싸움에서 최후로 살아남은 승자가 진정 평화를 실현시킬 수 있을까? 철학의 체계는 전투적인 성향이 강하다. '만인의 만인을 위한 투쟁'은 바로 철학을 두고 하는 말이다. 그렇기 때문에 철학자로서 명성을 얻는 것은 시인으로서 명성을 확립하는 것보다 훨씬 어려운 일이다.

시인의 작품이 독자에게 요구하는 것은 단순한 감동과 기껏해야 한두 시간 지속되는 여운이지만, 철학자의 사상은 독자의 사고방식을 완전히 뒤엎으려는 욕망 그 자체이다. 그 때문에 독자가 철학자의 사상에 공감해 지금까지 지켜온 자신의 삶을 부정하고, 계획했던 앞으로의 인생마저 오류로 규정하지 않는 한 결코 만족하지 못한다.

더구나 철학자가 이 같은 독자의 각성을 유도하는 근거는 지나간 시절을 광기로 헤맸던 몇몇 철학자의 삶이 전부이며, 자신의 사상보다 먼저 등장한 사상을 접한 독자들은 모두 적으로 간주해버린다. 뿐만 아니라 경우에 따라서는 국가 역시 적이 될 수 있다. 국가는 자신에게 유익하다고 생각되는 철학 체계만을 생존시키고자 강제적 수단을 동원해 다른 여러 가지 철학 체계를 고사시키려고 하기 때문이다. 게다가 철학은 시와 비교했을 때 독자의 수마저 한정되어 있다. 철학을 즐기는 독자와 문학을 즐기는 독자의 비율은 교육을 즐기는 사람과 유흥을 즐기는 사람의 수를 비교하는 것만큼이나 무의미하다.

우리 시대의 철학자가 현재 어떤 위치에 처해 있는가를 이보다 더 명확하게 규정짓는 전제도 없다. 하지만 간혹 이런 경우도 발생한다. 무수한 세월과 국적의 경계를 넘나들며, 모든 인간에게서 사상가라는 직함을 수여받는 경우이다. 이 한 가지 사례만이 오늘날 철학자에게 허락될 수 있는 유일한 만찬이다. 시간이 지날수록 대중은 사상가의 이름을 권위로 받아들이고, 그의 이름이 새겨진 모든 상황을 존경하게 된다. 이것이야말로 철학자가 기대하는 삶의 보상이다.

　철학의 발전이 전 인류의 발전에 끼친, 느리지만 한없이 깊은 영향으로 인해 철학자들의 역사는 왕들의 역사와 더불어 수천 년간 지속되어왔다. 비록 철학자의 수가 지상에 등장한 왕들과 비교했을 때 100분의 1에 불과하지만, 그렇기 때문에 철학자로 불릴 수 있다는 것은 인생의 가장 명예로운 특권이 되는 것이다.

온전히 이해할 수 있는 대상은
오직 자기 자신뿐

Arthur Schopenhauer

사물에 대한 우리 자신의 참된 명상은 마음에서 우러나는 성찰에서 비롯된다. 사물에 대한 자신의 성찰을 타인과 비교하며 대화하는 것은 마치 살아 있는 유기체와 기계를 비교하는 것과 같다. 전자의 경우 모든 것이 일체가 되고 빈틈없이 관찰됨으로써 명석과 참된 연관에 이를 수 있다. 반대로 후자의 경우, 다시 말해 대화는 출처가 각기 다른 이질적인 단편들이 서로 이어지는 등 강제적인 통일성이 주어진다. 그리고 이 통일성은 예상치 못한 사태에 쉽게 무너져버린다.

인간이 온전히 이해할 수 있는 대상은 오직 자기 자신뿐이며, 타인에 대해서는 절반도 이해할 수 없다. 인간은 타인과 개념은 공유할 수 있을지언정 개념의 기본 조건인 직관을 파악할 수는 없기 때문이다. 따라서 철학적 진리는 결코 공동체의 사유나 타인과 대화를 통해 얻을 수 없다. 그러나 대화와 공동체의 획일적인 사유는 일종의 예비 연습으로 간주할 수 있으므로 문제를 찾아내거나, 문제에 대한 해답을 짐작하거나, 해답의 조정 및 비판의 역할로서 충분히 활용될 가치가 있다.

플라톤의 《대화》가 보여주는 가장 완벽한 해답 역시 이런 과정을 거쳐 도출되었다. 세월이 지날수록 아카데미 특유의 회의적 경향이 더욱 짙어진 이유도 이같은 의미를 더욱 공고히 다지기 위해서였다. 이처럼 철학적 사유의 전달 형식으로써 문자로 기록된 대화가 바람직한 경우는 다음과 같다.

주제의 성질에 따라 두 개, 또는 그 이상의 견해가 존재할 경우 독자가 이들 중 한 가지를 선택해야 하거나, 이들 견해가 제각각 사상의 완전한 이해를 돕는 데 필수조건인 경우이다. 전자는 상정된 계획에 대한 반박도 포함된다.

이런 목적으로 대화 형식을 채택할 경우 여러 가지 견해의 근본적 차이점을 명확하게 나타낼 수 있어야 하며, 극적인 반전이 준비되어야 한다. 다시 말해 양쪽 모두에게 발언할 수 있는 기회가 주어져야 하는 것이다. 이 같은 목적이 수반되지 않는다면 대개의 경우 대화는 쓸모없는 장난에 불과하다.

스스로의 힘으로 본 것이 아니라면 의미가 없다

Arthur Schopenhauer

우리들의 지식과 통찰이 타인이 주장하는 이론과 비교하거나 대화를 통해 특별한 위치로 향상되는 경우는 없다. 물이 하나의 그릇에서 또 다른 그릇으로 옮겨지는 현상과 마찬가지이다. 사물의 본질은 스스로의 힘을 동원해 관찰할 때만이 진정한 통찰과 지식으로 발전하게 된다. 이 같은 자의적恣意的 관찰이야말로 삶을 주변이 아닌 실체로 받아들일 수 있는 힘의 원천이 된다. 그런데 소위 철학자들로 불리는 집단은 첫 번째 방법, 즉 타인과 자신을 비교하는 데는 최선을 다하지만,

정작 이보다 더 중요한 두 번째 방법, 즉 자신의 눈으로 사물을 관찰하고 정의 내리는 데는 언제나 소극적인 경향을 보인다.

그들은 입버릇처럼 이 사람은 무엇을 어떻게 표현했으며, 저 사람은 무엇을 어떻게 표현했는가를 인생의 가장 중요한 문제로 생각하기 때문에 자신의 발밑에서 흐르는 샘물에 대해서는 아무것도 모른 채 낡은 그릇을 들고 여기저기 물을 구걸하러 다닌다. 무능을 증명하는 데 이보다 더 확실한 증거는 없다. 그리고 이 증거야말로 그들이 인생의 참된 비밀로 미화하는 대상이 근원적으로 어리석을 수밖에 없다는 것을 증명해주는 가장 확실한 전제이기도 하다.

머리만 있고 심장은 없는
철학에게

Arthur Schopenhauer

　철학사를 연구했다는 이유로 자신을 철학자라고 생각하는 사람들이 있다. 그러나 우리가 철학사를 통해 배울 수 있는 단 한 가지는 철학자는 타고나야 되는 것이며, 그런 의미에서 시인보다 더 희귀할 수밖에 없다는 것뿐이다.

　철학은 정의할 때 단순한 개념으로 이루어지는 학문이라고 한다. 이것은 칸트가 정의한 것인데, 이는 어디까지나 철학의 품위를 떨어뜨리는 악습에 불과하다. 개념이 가지고 있는 힘은 통찰의 마르지 않는 샘인 직관적 인식에서 비롯되며, 이를 자기 안에 저장할 때 비로소 진정한 힘이 된다. 그러므로 참된 철학이란 추상적 개념으로 급조된 저급한 인식의 경계가 아니라 내적인 관찰과 외적인 관찰, 그리고 내적인 경험과 외적인 경험이 근거가 된 인식의 자유로운 활동이라고 할 수 있다.

개념과 경험을 결합하려는 시도는 우리 주변에서 흔하게 발견된다. 특히 궤변철학자인 피히테와 셸링은 가장 저급하고 난잡하게 이 같은 결합을 추구한 자들이다. 헤겔 역시 같은 시도를 함으로써 엄청난 재앙을 일으켰고, 독일의 철학자 슐라이어 마허는 윤리학에서 개념과 경험의 결합을 추구하여 사태를 악화시킨 장본인이 되었다. 이 결합은 철학을 진보시키기는커녕 철학을 무가치한 지적 노동으로 전락시키게 된다.

철학은 예술과 시처럼 인간이 세계를 자신의 직관으로 파악할 수 있게끔 인도하는 역할을 수행해야 한다. 물론 신체 중 머리를 가장 높게 유지해야 하지만, 너무 지나치게 냉정을 추구하며 심장에서 멀리 떨어져서도 안 된다. 많은 철학자가 자신 또한 인간이면서 감동과 흥분을 짐승의 본능인 양 격하시키는 경우가 있는데, 이는 본질과 그에 따른 사태를 정반대로 해석한 데서 비롯된 오류일 뿐이다. 철학은 수학이 아니다. 그렇기 때문에 "위대한 사상은 머리가 아니라 심장에서 나온다"고 역설한 프랑스의 수필가 보브나르그의 외침은 오늘날에도 철학자들이 귀를 기울여야 할 가장 위대한 가르침이다.

3부

철학이란 무엇인가

흐르는 물을 좇기만 하면

나의 강은 생기지 않는다

알지 못하는 것을 알지 못한다고
고백했을 때

Arthur Schopenhauer

단순하고 명확한 어투는 회의주의자를 낳을 수는 있지만 철학자를 낳을 수는 없다. 그렇지만 회의는 철학에게 야당이 정부에게 행사하는 역할처럼 반드시 필요하고, 또 중요한 기능을 갖고 있다. 오늘날 회의주의자들이 철학을 공격하는 가장 주된 근거는 수학이 갖춘 증명의 능력을 철학이 보여주지 못하고 있다는 점이다.

이 같은 주장은 선천적으로 오류를 짊어지고 태어난 인간에게 기계화를 명령하는 것과 다를 바 없다. 회의주의자들은 일상화된 모든 체계에 대해 언제나 반대편 저울대에 올라가 일반적인 중량의 법칙을 무너뜨리고 싶어 한다. 하지만 이런 노력은 그들의 맞은편에 서 있는 저 거대한 인습의 법칙에 도저히 미칠 수 없는 미미한 몸부림에 그치는 경우가 많다. 마치 모든 원圓의 산술적 면적은 근사치에 지나지 않는다는 사실이 구적법求積法의 원리를 손상시킬 수 없는 것과 마찬가지다.

알지 못하는 것을 알지 못한다고 고백했을 때, 우리가 알고 있는 사실들은 두 배의 가치를 누리게 된다. 알지 못한다고 솔직하게 고백했으므로 우리가 알고 있는 사실에 대해서는 사람들이 더 이상 의심하지 않기 때문이다. 그러나 셸링과 그의 추종자들처럼 모르는 것을 안다고 말한다면 사람들의 의심에서 벗어날 수가 없다.

누구나 검토도 하지 않고 스스럼없이 진리로 인정하는 명제, 그 때문에 가령 이를 번복하고 싶어도 그것을 의심하는 것조차 금기시되어 도저히 다가설 용기가 생기지 않는 명제, 사람들은 이 같은 부류의 명제를 가리켜 '이성적'이라고 부른다. 이것들이 이처럼 굳건한

신용을 얻게 된 것은 우리도 모르는 사이에 관습처럼 혹은 당연한 습관처럼 우리의 직관에 명문화되었기 때문이다. 마치 문제가 곧 해답인 것처럼 이성적으로 생각한다는 것 자체가 이성적인 것으로 받아들여지게 되었다.

    이로 인해 우리들은 이성적으로 생각하는 과정과 이성적인 결론을 혼동하고 있다. 이성적으로 생각하는 과정이 이성적인 결론처럼 받아들여지고 있는 것이다. 우리의 두뇌는 이 두 가지 상반된 사고체계를 구별하지 못하는 지경에 이르렀다.

완전하지 않다,
그럼에도 불구하고 진리다

Arthur Schopenhauer

　　사물의 객관적 또는 직관적 이해에서 시작된 세계관은 그것이 어떤 비논리적 주장을 담고 있더라도 완전한 허위는 될 수 없다. 다만 최악의 경우 일면적이라는 비난이 가능할 뿐이다. 예를 들어 유물론이라든가 절대적 관념론 등이 그렇다. 이 같은 사상은 어떤 면은 진리이지만 또 어떤 면은 오류이다. 중요한 것은 모든 속성을 합산시켰을 때 진리라는 점이다. 그러므로 각각의 진리는 상대성의 다른 이름일 수도 있다. 마치 한 폭의 그림이 단 한 개의 관점에서 묘사된 것처럼 각각 특정한 입장이 수반되었을 때만이 진리인 것이다. 이 같은 체계에서 벗어나 살펴본다면 모든 진리는 상대적이며 일면적이라는 사실을 알게 된다. 모든 철학적 사유 체계가 꿈꾸는 절대적 진리란, 결국 모든 입장과 관점을 충분히 만족시킬 수 있는 다면적 고찰이 될 수밖에 없는 것도 그런 이유 때문이다.

그러므로 어느 한 개인이 스스로를 다만 시간의 제약을 받는 사물의 일부로, 언젠가 태어났지만 결국 얼마 후 틀림없이 멸망해버릴 자연의 부산물로 정의하는 견해도 진리인 것이다. 그리고 마찬가지 이유에서 이미 존재하고 있는 것, 또는 언젠가 존재할 수도 있는 것이 바로 나의 본성이며, 이 세계에 나를 제외한 그 무엇도 존재할 수 없다는 견해 역시 진리의 일부일 수 있다. 인생의 행복 중 현재의 향락을 최고의 행복으로 꼽는 철학자 에픽테토스 또한 진리이며, 향락의 허무를 인식하고 수고를 최고의 덕으로 여기는 종교적 관점 또한 진리이다. 그런 의미에서 죽음을 유일한 생존 목적으로 여기는 나의 주장 역시 진리이다. 곧 모든 철학은 나름의 진실을 담고 있다.

이와 같은 견해는 다음의 논리에 근거를 두고 있다. 불변하는 세계관은 자연의 고정적이고 직관적이며 객관적인 파악을 개념 속에 끌어들였다. 그리고 자연은 직관의 결정체로서 거짓도 없고 모순도 없다. 이것이 바로 위의 견해에 대한 근거이다. 자연에 거짓과 모순이 없다는 것은 자연의 본질에 그와 같은 성격이 배제되어 있다는 뜻이다. 그러므로 모순과 허위가 존재하는 곳에 자연의 본질이 머무를 수 없다. 그래서 사상이 발생한 것이다.

예를 들어 낙관주의는 자연의 본질이 아니다. 그러나 자연의 본질 중에는 분명 낙관주의와 비슷한 일면이 있다. 그렇기 때문에 낙관주의라는 사상이 발생한 것이다. 세계에 대한 객관적인 파악이 불완전하고, 지나치게 일면적으로 치닫는 경우가 있다. 이런 경우 필요한 것은 대립을 지향하는 반박이 아니라 부족한 공간을 대체하는 보충이다.

상대에게 반박하기 전에
먼저 건네야 하는 말

Arthur Schopenhauer

사람들은 형이상학에 대해 그 진보에 필요한 속도가 자연과학의 눈부신 그것과 비교했을 때 아무래도 뒤처질 수밖에 없다는 사실을 받아들이지 못한다. 볼테르는 이렇게 외쳤다. "오, 형이상학이여! 우리는 여전히 드루이드 시대에서 단 한 발짝도 더 나아가지 못했구나!"

그러나 형이상학처럼 직업적인 적대자, 국가의 치부를 핥는 법조인, 무수한 칼날을 들이대는 국왕의 근위대에게 끊임없이 박해를 당한 학문이 또 어디 있는가? 지금껏 형이상학은 무지한 대중의 이해력에 종속되기를 강요당해 왔으며, 이 같은 강제적 압박 속에서 참된 힘을 발휘할 수도 없었고, 거인의 걸음으로 내달릴 수도 없었다. 사람들은 우리의 손을 뒤로 묶어놓고는 아무것도 할 수 없다며 비웃었다.

종교가 인간의 형이상학적 본성을 앗아가버린 경위는 다음과 같다. 종교는 일찍부터 우리의 내면에 자신의 교리를 새겨넣고자 형이상학적 소질을 마비시켰고, 외부적 환경까지 자신의 손아귀로 움켜쥔 후 자유로운 삶이 불가능하도록 교리를 본뜬 제도를 만들었다. 이때부터 인간은 가장 흥미롭고 중요한 관심사인 인생에서 추방되었다. 단순한 추방으로 그친 것이 아니라 인생 그 자체에 대한 사고마저 금지당했다. 이 같은 내부적·외부적 마비가 결국 주관적인 사고기능을 불구로 만드는 데 성공했고, 인간은 자신이 타고난 소질 중 가장 위대한 기능을 쇠사슬에 묶인 채 살아가는 신세로 전락하고 말았다.

우리의 견해에 대립하는 타인의 견해를 수용하는 태도를 기르고, 다른 논리에 적응하는 인내력을 키우는 데 다음과 같은 공부만큼 효과적인 방법은 없을 것이다. 즉 우리 스스로가 진실이라고 생각되는 견해에 반대되는 의견을 개진하고, 이처럼 상반되는 의견을 몇 번이고 반복해서 음미해보는 것이다. 그리하여 이 같은 주제가 받아들이는 여러 가지 상반된 견해에 따라 어느 때는 이런 의견을, 또 다른 시기에는 그 반대의 의견을 표출함으로써 배척하고 혹은 받아들인 경우가 어느 정도였는가를 확인해보면 된다. 이처럼 타인의 의견에 우리가 제기하는 반론에 상대방이 귀를 기울이게 만드는 가장 좋은 방법은 "전에는 나 역시 당신과 비슷한 생각을 했었지만……"이라고 말하는 것이다.

거짓보다
더 위험하고 집요한 것

Arthur Schopenhauer

　잘못된 학설이라는 뜻은 틀린 견해에서 얻어진 것이거나, 또는 편협한 계획에서 발생했다고 할지라도 어떤 특수한 상황에 대해서는 그것이 올바를 수 있으며, 따라서 어느 한정된 시기까지는 정당한 학설로 통용될 수 있는 주장을 의미한다.

　간혹 진리가 경우에 따라 잠시 세상의 인정을 받지 못해 숨을 죽이고 잠복하는 때도 있지만, 결국 어느 시대를 막론하고 통용될 수밖에 없다. 진리는 어느 특정 집단의 계획적인 선동에 의해 시작된 것이 아니므로 시대를 불문하고 우수한 두뇌를 가진 사람들이 진리를 수호하는 투사로 활약하기 때문이다. 대체적으로 진리란 시기와 장소를 불문하고 고정된 극점을 가리키는 나침반의 바늘과 같은 역할을 하며, 잘못된 학설은 단단하게 굳어 있는 손으로 감히 자신과 같은 석상石像을 조각하고자 욕망하는 기존의 석상이라고 표현할 수 있다.

진리를 찾아내는 데 가장 방해가 되는 것은 사물에서 비롯된 오류가 유도하는 거짓된 가상假像이나 지성의 나약함이 아니다. 그것은 선입견과 편견이다. 이것은 일종의 후천적 천성으로서 진리를 찾는 데 늘 방해물로 작용한다. 마치 배를 육지에서 점점 멀리 밀어내는 역풍과도 같다. 역풍이 돛과 닻을 무용지물로 만들듯이 선입견과 편견도 지성과 진리를 찾고자 갈망하는 우리의 욕구를 무의미하게 만든다.

흐르는 물을 좇기만 하면
나의 강은 생기지 않는다

Arthur Schopenhauer

그대가 조상에게서 물려받은 것,

그것을 취하여 그대가 주인이 되어라.

−《파우스트》1부

이 시구에 대해 나름대로 다음과 같은 주석^{註釋}을 보충해보았다. 우리보다 앞서 등장한 사상가들이 발견한 철학을 그들에게 의지하는 대신, 또 그 같은 철학을 품게 된 그간의 과정을 파악하기에 앞서, 이 모든 과정과 결과를 자신의 힘으로 발견해내려는 의지야말로 철학이 보여줄 수 있는 가장 큰 가치와 효용성이다. 인간은 자신의 내부에서 스스로 발견한 철학을 타인에게서 얻은 사상보다 더 넓고 깊게 이해할 수 있다. 그리고 이렇듯 자신만의 고유한 철학이라고 생각했던 사유체계가 위대한 선조들의 삶에서도 동일한 조건으로 발견되었을 때 타인의 권위를 통해 나의 정당성이 증명되는 것이다. 이 같은 과정을 겪게 되면 그 후 어떤 강력한 반대되는 논리와 맞닥뜨리더라도 나의 고유한 지적 개성을 옹호할 수 있는 여유를 갖게 된다.

이와 반대로 우리가 어떤 책을 읽은 후 그로 인한 반성에 의해 앞서 제시한 사례와 동일한 결과를 얻었다면, 이는 자신의 사유와 판단에 뒤따르는 보상에 지나지 않으며, 무엇보다 선조들의 권위를 흉내낸 것에 불과하다. 그리고 타인의 이론異論에 부딪쳤을 때 결코 나만의 고유한 사고체계라는 정당성을 확보할 수 없게 된다. 이 정당성이라는 개념은 사태에 대한 개인의 확신이라는 점에서 상당히 중요한 철학의 요건이다. 타인의 사상을 답습한다는 것은 마치 흐르는 물이 자신보다 먼저 흘러간 물을 따라 수로를 흐르는 것과 같다.

이런 경우 만에 하나 내게 사상을 주입한 타인의 논리가 어긋난 것이라면, 나 또한 아무런 반성 없이 그들과 함께 선입견을 진리로 믿게 되는 것이다. 그러나 시대를 초월해 과거의 인물과 현실의 인물이 각각의 환경과 지적 수준에서 논리적으로 고찰한 결과 동일한 해답을 얻었다면, 이것은 그 누구도 도전할 수 없는 확실성을 보유하게 된다. 하지만 후자가 전자의 논리적 고찰을 조금이라도 엿본 것이라면 이야기는 달라진다.

의지에서 태어난
지성의 목소리

Arthur Schopenhauer

우리가 세계를 목적으로 또는 수단으로 파악해야 할 상황에 처했다면 우선 의지에서 발생한 지성의 목소리에 귀를 기울여야 한다. 세계를 목적으로 파악한다는 말은 현재 이 세계를 규정하고 있는 존재들은 자신의 존재를 통해 정당화되었으며, 그렇기 때문에 아직 존재하지 않는 가치들보다 우월하다는 것을 의미한다. 이와 달리 세계가 고통 속에 신음하며, 죽어가는 존재들의 집합에 불과하다는 인식 하에서는 이 같은 사상이 성립될 수 없다. 세계를 수단으로 파악하기 위해서는 지나간 시간이 유한하다는 전제가 우선 성립되어야 한다. 시간이 무한하다면 그 어떤 목적이라도 아득한 옛날에 이미 달성되었을 것이기 때문이다.

이를 통해 우리는 다음과 같은 결론을 얻게 된다. 즉 우리의 지성이 자연스럽게 습득한 전제일지라도, 이 전제를 세계의 규명에 적용하는 것은 어디까지나 인간의 인지능력이 감당할 수 없는 초월적 적용이라는 점이다. 다시 말해 세계의 내부적 적용은 가능하지만 전체에 적용하는 것은 합당하지 못하다.

이로부터 설명할 수 있는 것은, 이 전제가 지성의 본성에서 나온 적용이라는 점이다. 인간의 지성은 앞서 설명한 바와 같이 개체적인 의지에 봉사하기 위해, 즉 의지를 발생시킨 대상을 획득하기 위해 생겨났다. 따라서 의지가 발생했다는 것은 목적과 수단의 관계에 대한 계산이 이미 끝났다는 뜻이다. 그러므로 계산에 포함된 관계 외엔 다른 어떤 것도 인식하거나 이해할 수가 없는 것이다.

모든 존재는 내가 인식할 때
비로소 존재한다

Arthur Schopenhauer ───────

눈을 돌려 밖을 바라보면 그곳에는 우리가 측정할 수 없을 만큼 넓은 세계와 헤아릴 수 없이 많은 존재들이 곁에 항상 머물고 있었음을 깨닫게 된다. 그 순간 개체로서의 나는 곧 지상에서 사라져 인식이 닿지 않는 허무 속으로 빨려들 것만 같다. 이처럼 크기와 수량의 가공할 권위에 인간의 마음이 사로잡히게 되면 인간은 외부를 향한 철학, 즉 객관적 철학만이 진리에 도달할 수 있는 유일한 방법이라고 생각하게 된다. 실제로 초기의 그리스 철학자들은 이와 같은 고정관념에 사로잡혀 있었다.

반대로 눈을 내부를 향해 고정시켜 보면, 각각의 개인이 오직 자기 자신에게만 관여하고 있다는 사실을 발견하게 된다. 세계의 모든 존재를 합친다 할지라도 인간은 자기 자신에게 더 큰 관심을 갖게 된다는 말이다. 이것은 인간이 직접적으로는 자기 자신만을 인식하고, 다른 모든 환경에 대해서는 간접적으로만 인식한다는 사실에서 추론한 결과이다.

인간이 인식하고 의식할 수 있는 존재는 나 자신, 즉 개인뿐이다. 이 같은 전제가 사실이라면 인간이 의식할 수 없는 존재는 불완전하고 간접적인 현상이라는 의미가 된다. 다시 말해 인간에게 인식 가능한 의미란 개인의 일부로 존재하는 현상이다. 그러므로 객관은 주관의 제약에 의해 존재하고, 측량할 수 없을 만큼 광활한 외부세계는 인식자認識者, 즉 개인의 주관적인 의식 속에 존재할 때만이 현실성을 띠게 되는것이다.

이런 의미에서 외부세계는 어디까지나 개인적 의식의 단순한 장식품이며 우연적인 부산물에 지나지 않는다. 이 모든 것을 분명히 의식하고 성찰할 수 있다면 내부로 향하는 철학, 개인의 인식이 직접적으로 주관하는 철학, 즉 데카르트 이후 시작된 근대철학의 한복판을 걷는 것과 마찬가지이다. 그리고 덤으로 고대인들이 얼마나 중요한 진리를 간과해왔는가를 깨닫게 될 것이다.

그러나 이보다 더 중요한 것은 자신의 가장 깊은 곳으로 스며들어 모든 인식의 존재 위에 놓여 있는 자아의 근원적 감정을 자각해야 한다는 점이다. 뿐만 아니라 아무리 보잘것없는 인간일지라도 그의 내부에는 자신만이 유일한 존재라는 절대적 신념이 숨어 있으며, 마찬가지로 모든 인간에겐 자신을 세계의 중심으로 확신하는 근원적 감정이 있다는 것도 깨달아야만 한다. 과연 누가 이 근원적 감정을 거짓이라고 말할 수 있겠는가?

인간의 주관적인 감정을 가장 명확하게 표현한 것은 "이들 일체의 존재가 곧 자아이며, 자아를 제외한 그 무엇도 존재할 수 없다. 그리고 모든 존재는 내가 만든 것이다"는 《우파니샤드》의 명구이다. 이는 조명주의, 즉 일종의 신비주의적 발상이라고도 할 수 있다. 이

것이 바로 내면으로 향하는 성찰의 결과이다. 이에 반해 외부세계를 향한 성찰은 생존의 결말이 한 줌 재로 끝이 난다는 것을 우리에게 보여줄 뿐이다.

쉬어야만
보이는 것들

눈은 한 가지 대상을 너무 오랫동안 응시하다 보면 둔감해지고 아무것도 판단하지 못하게 된다. 마찬가지로 지성 역시 한 가지 사상을 계속적으로 고찰함으로써 그 사상에 더욱 근접하는 것이 아니라, 오히려 우둔해지고 참혹한 혼돈을 겪게 된다. 이처럼 어떤 특정한 사상에 집착하기보다는 사상의 명백한 윤곽을 확인한 후에는 잠시 멀어져 있는 편이 낫다.

따라서 플라톤의 《향연》에 기록된 "소크라테스는 자신에게 제기된 어떤 문제를 생각하느라 하루 종일

꼼짝도 하지 않았다"는 구절을 읽을 때 우리는 '이것이 실제로 가능했을까' 또는 '이런 습관은 옳지 못하다'는 판단을 내려야 한다.

이와 같은 지성의 휴식과 그 필요성에 대해 우리는 다음과 같은 사실을 설명할 수 있다. 긴 시간 동안 휴식을 취한 뒤 현실 세계에 존재하는 사물들을 다시 관찰했을 때 왠지 낯설고 경이로우며, 새로워 보이는 것을 체감할 수 있다. 즉 너무나 익숙해 더 이상 아무런 의미도 확인할 수 없었던 사물의 진행에 대해 완전히 새로운 안목을 갖게 된 것이다. 시간 낭비처럼 여겨지던 휴식이 전에는 쉽사리 간과했던 사물의 관계와 의미에 대해 전혀 새로운 가르침을 선사하는 것이다. 따라서 사유란 때로는 멈출 때 더 멀리 나아갈 수 있다.

인간은 시간의 사물화를 통해 생존 기간을 확인하고 있다. 어쩌면 우리가 사물이라고 생각하는 본체는 사물화된 시간이었는지도 모른다. 이 같은 오류로부터 우리의 안목을 지킬 수 있는 유일한 수단은 정신적 휴식이며, 휴식을 통해 우리는 사물화된 시간에 침범당할 수 없는 진정한 사물의 본질과 대면할 수 있는 힘을 얻는다. 나는 이런 순간이야말로 철학자의 인생에서 가장 빛나는 시기라고 생각한다.

그 누구도 항상
빛날 수는 없음을

Arthur Schopenhauer

사물에 대한 관찰과 본질적인 이해를 돕는 영감의 시간을 고도로 발달된 의미로 비유하자면, 두뇌의 활동이 가장 완벽해지는 시간이라고 부를 수 있다. 그런 의미에서 천재는 일반인보다 한층 더 높은 차원에서 생활한다고 말할 수 있을 것이다.

그러나 아무리 천재적인 재능의 소유자일지라도 이성이 눈부시게 활동하는 것은 이처럼 '완벽한 시간'에만 가능하다. 게다가 인간은 항상 이 같은 시간을 누릴 수도 없다. 아무리 위대한 현자라 할지라도 이 완벽한 시간을 평생토록 누릴 수는 없는 것이다.

지식인 또한 마찬가지이다. 아무리 자신들에게 익숙한 사물일지라도 자신의 의사에 따라 언제든 본연의 모습으로 되돌릴 수 있는 것은 아니기 때문이다. 한마디로 누구나 항상 현명해질 수 있는 것은 아니다. 이런 상황이 발생하는 이유는 두뇌의 체액에 밀물과 썰물이 존재하며, 두뇌의 활성화와 휴식이 정해지는 주기가 있기 때문인지도 모른다.

정신 활동에 필요한 에너지가 충분하거나 부족하면, 즉 유기체의 생리적 환경에 따라 정신은 각각 다른 수준을 보여준다. 때로는 높은 창공에서 세계를 내려다보기도 하고, 때로는 진창에서 허우적거리기도 한다. 그러나 대부분의 경우 이 극단의 중간지대에 머물고 있으며, 단지 전자나 후자에 좀 더 가까울 뿐이다. 이때 의지는 인간의 정신 활동에 아무런 영향도 끼치지 못한다.

이처럼 정신 활동에 소요되는 두뇌의 조건이 좋을 때 갑작스레 어떤 새로운 깨달음과 마주치게 될 확률이 높은데, 그 이유는 우리의 사유가 한층 더 활기차게 진행되기 때문일 것이다. 그리고 깨달음의 동기는 언제나 직관이다. 따라서 객관적 통찰이 모든 위대한 사상의 근본이라는 주장이 제기될 수 있다. 직관적 통찰, 즉 언어는 타인으로 하여금 자기 안에 숨겨진 사상에 눈을 뜨게 만들고, 자기 자신에 대해서는 새로운 현상을 발견하도록 돕는다.

배움은
흥미를 양분 삼는다

Arthur Schopenhauer

　우리는 어떤 가치에 대한 자신의 생각을 가능한 한 빨리 기록해두는 습관을 길러야 한다. 대부분의 인간은 자신이 직접 체험한 경험조차 시간이 지나면 잊어버리기 마련인데, 생각은 이보다 더 빨리 사라진다.

　생각이란 우리가 원할 때 발생하는 주관적 결과가 아니라 스스로 판단하여 도출되는 객관적 원인이다. 이에 반해 외부에서 받아들인 것, 배움을 통해 습득한 것, 언제든 책에서 다시 확인할 수 있는 것들에 대해서는 메모를 할 필요가 없다. 어떤 경험이나 생각을 기록해

두는 이유는 이것을 망각에게 넘겨줘서는 안 되기 때문이다. 그러므로 인간은 자신의 기억이 자신의 주관적인 의사에 순종해야 한다는 사실을 망각하는 일이 없도록 늘 관리해야 한다. 예를 들어 어떤 사건에 대한 경험이나 문장, 또는 단어가 갑자기 생각나지 않을 때 책을 펼치거나, 타인에게 이를 물어볼 것이 아니라 일주일이든 또는 그 이상의 시간이 소모되든 상관하지 말고 기억이 내가 원하는 의사에 순종해 자신의 임무를 완수할 때까지 괴롭혀야 한다.

    오랫동안 생각한 것일수록 머릿속에 더 오래 남게 마련이다. 많은 노력을 기울여 기억의 밑바닥에서 끌어올린 사실은 책이나 타인의 가르침에 의해 얻어진 사실보다 훨씬 쉽게 추억된다. 기억은 어린 소녀처럼 변덕스럽고 제멋대로 활동하려는 경향이 강하다. 때로는 예기치 않게도 늘 공급하던 기억마저 거절하는 때가 있다. 그러고는 완전히 망각한 어느 시점에서 나의 의사와 상관없이 갑작스레 그 기억을 공급한다. 나의 경험에 비춰보면, 단어를 기억할 때 단어와 연관된 어떤 개념과 결부시키는 것보다 이와 전혀 상관없는 어떤 환상적인 연상과 결부시키는 편이 훨씬 더 쉽게 그리고 오래 기억되는 것 같다.

만약 인간이 배우고 습득한 것을 필요할 때마다 꺼내 쓸 수 있다면 이 세상에 어리석음은 존재의 이유를 상실하게 될 것이다. 그러나 이는 불가능한 바람에 지나지 않는다. 배우고 익힌 것은 반복을 통해 늘 새롭게 가다듬지 않으면 차츰 잊어버리는 것이 인간이다. 게다가 전에 습득한 기억들을 반복하는 동안 새로운 사실들도 꾸준히 기억해둬야 한다. 이를 더욱 손쉬운 조건으로 만들기 위해 인간은 기억술記憶術이라는 능력을 창출했다.

그런데 이 기억술은 기억력보다 기지機智를 더 신봉하여 기억력이 필요한 상황을 기지에 맡기려는 경향이 있다. 다시 말해 기억술은 지니기 힘든 기억을 지니기 쉬운 어떤 대체현상으로 변환해놓은 다음에 이를 다시 지니기 힘든 개념으로 관리한다. 인위적인 기억술과 자연적인 기억력의 관계는 마치 의족과 실재하는 다리의 관계와도 같다. 이는 "자연적이지 못한 것은 불완전하다"고 외친 나폴레옹의 주장과도 서로 통한다.

새롭게 습득한 사물과 이를 표현하는 단어들을 실생활에서 사용해보는 것은 분명 의미 있는 경험이다. 예컨대 비유하자면, 보조 지팡이가 실재하는 다리의 일부처럼 느껴지는 것이다. 인간의 기억력은 어떻게 그 많은 저장품 중에서 요구하는 단 하나의 품목을 바로 찾아낼 수 있는 것일까? 그리고 이를 찾아내어 현실화하는 과정에 차이가 발생하는 까닭은 무엇일까? 또 처음의 요구에는 아무런 반응도 하지 않다가 이와 관련된 어떤 유사한 경험을 통해 기억해내는 이유는 무엇이며, 몇 시간, 혹은 며칠 뒤 누가 알려주기라도 한것처럼 갑자기 머릿속에 확연한 영상으로 기억이 떠오르는 이유는 대체 무엇일까? 우리가 하루에도 몇 차례씩 경험하게 되는 이 같은 사실들은 여전히 수수께끼로 남아 있다.

그러나 나는 다음의 경우 의심의 여지가 없다고 확신한다. 즉 위에서 살펴본 인식 능력의 섬세하고도 신비스러운 작용은 기억할 대상의 분량으로 인해 인위적이거나 의식적인 기획으로는 기존의 유사한 기억과 대치시킬 수 없다는 점이다. 인간의 두뇌에서 가장 많은 기억의 양과 횟수를 자랑하는 것은 다름 아닌 기억력이다. 물론 기억력은 기억의 가장 중요한 원동력이기도 하다. 이 기억력에 대한 부담을 덜기 위해 인간은 기억을 기호로 전환해 간직하는 기술을 연마하기 시작했다. 그런데 이처럼 인위적인 기억은 상대적으로 가치가 떨어지는 저장물을 간직하는 데는 유용했지만, 고차원적인 기억을 간직하기에는 역부족이었다.

일반적으로 인간이 사물을 기억하는 데는 두 가지 방법이 있다. 첫 번째는 목적에 의해 계획적으로 기억하는 방법이다. 이 경우 기억해야 할 대상이 단순한 단어나 숫자라면 임시방편으로 기억술을 도입하는 것이 가능하다. 두 번째 방법은 인간의 인위적인 도움 없이 어떤 사물이 스스로 자신에 대한 인상을 머릿속에 남겨두는 것이다. 이 같은 경우를 우리는 결코 잊을 수 없다고 말한다.

우리가 상처를 입었을 때 상처를 입는 순간 고통을 느끼게 된다고 생각하지만, 이는 잘못된 판단이다. 고통에 대한 개념을 아무런 의식 없이 떠올릴 수 있는 까닭은 누군가로부터 고통에 대한 개념을 무의식적으로 습득했거나, 어떤 경험이 고통이라는 것을 인지했기에 가능하다. 즉 상처가 고통이 되는 것이 아니라 상처를 입었다는 특수한 환경 때문에 고통이라는 개념을 무의식적으로 떠올리는 것이다. 이것은 특별한 기억술 없이도 얼마든지 출력 가능한 기억이다.

이와 마찬가지로, 우리가 어떤 특정한 사상을 이해할 수 있는 까닭은 이 같은 사상이 적용되는 실례에 대한 경험이 기억으로 저장되어 있기 때문이다. 다시 말해 지극히 개인적이고 주관적인 사상을 아무런 연관 관계가 없는 타인이 단순히 습득하는 것이 아니라 이해할 수 있다는 것은, 타인이 자신만의 어떤 특정한 경험을 기억시키고자 이를 기호화한 과정과 그 같은 사상이 보여주는 논리적 체계의 유사점을 발견했기 때문이다. 즉 사상을 통해 알게 된 사실과 지극히 개인적인 체험에 의해 기억된 인상이 어느 순간 겹쳐지게 될 때 인간은 이해된다고 말하는 것이다.

이로써 우리는 다음과 같은 결론을 얻을 수 있다. 한 번이라도 기억된 인상은 인간의 고유한 사고체계와 융합되어 있다가 필요한 순간이라고 판단되는 시점에 나타난다는 점이다. 이렇게 되기 위해서는 그 인상이 어떤 점에서든 흥미를 유발할 수 있어야 한다. 대상이 흥미롭게 느껴질 때 인간은 진리를 향한 힘든 여정도 기쁨으로 받아들일 수 있다. 그런데 실제로 많은 학자들이 자신의 전문 분야에 대한 이해가 놀랄 만큼 결여되어 있는 것을 발견하게 된다. 근본적인 원인은 그들이 대상에 대한 객관적인 흥미를 상실했기 때문이다.

따라서 흥미가 결여된 지각은 인간의 기억에 뚜렷한 인상을 남기지 못한다. 그리고 뚜렷한 인상 없이는 인간은 기억해내지 못한다. 이 사실을 통해 우리는 많은 학자가 자신의 전문 분야를 사랑하기 때문이 아니라, 개인적 자만심을 충족시키기 위해 연구하고 있었음을 알게 된다. 사물에 대한 객관적인 흥미를 잃지 않는 한 배움의 기회는 줄어들지 않는다. 그리고 이 기회야말로 기억이 필요로 하는 가장 중요한 조건이다. 그렇기 때문에 다양한 사물에 관심이 많은 젊은 세대일수록 기억력도 좋은 것이다. 흥미를 통한 기억은 앞서 살펴본 인위적 기술에 의한 기억보다 훨씬 더 안전하고, 오랫동안 보존된다. 그러나 이 같은 흥미도 아둔한 자들에겐 자신의 신상에만 적용될 수 있다는 점을 명심해야 한다.

진정한 사유는
고요의 틈에서 태어난다

Arthur Schopenhauer

　사상의 성질(형식적인 가치)은 인간의 내부에서 만들어진다. 그러나 사상의 방향, 즉 사상의 소재는 외부의 영향을 받는다. 그러므로 인간의 사고는 항상 근본적으로 다른 두 개의 요인이 빚어내는 산물이다. 즉 객체는 정신 활동에 있어 현악기의 연주에 필요한 도구일 뿐이다.

　이 같은 차이점이, 동일한 광경임에도 불구하고 그것을 보는 개개인의 머릿속에서 빚어지는 생각의 차이를 만들어내는 것이다. 정신 활동에 필요한 능력이 최고조에 도달했을 때, 즉 나의 두뇌가 전성기를 맞이했을 때 나의 두 눈은 대상을 불문하고 두뇌가 원하는 성질들을 찾아냈으며, 그 대상의 본질을 명확하게 규정할 수 있었다. 이를 통해 나는 귀중한 사상들을 발견할 수 있었고 덕분에 많은 책을 집필하는 행운을 누렸다. 그러나 살아온 시간이 늘어날수록 힘은 점점 쇠약해지고 전처럼 학문에 열정을 보일 수 없게 되었다.

악기를 연주하는 데 필요한 도구가 객체라면, 악기는 정신이다. 이 악기가 좋은 소리를 낼 수 있고, 높은 음을 표현할 수 있을지의 여부는 각자의 머릿속에서 큰 차이를 만들어낸다. 그런데 한 가지 주목할 것은 이 악기가 생리적·해부학적 조건에 좌우되는 것처럼 악기를 연주하는 도구 역시 우연적인 조건으로 작용하게 된다는 점이다. 다시 말해 인간을 생각하게끔 만드는 대상은 어디까지나 선택적이라는 뜻이다. 그리고 이같은 선택은 우연의 영역에서 행해진다.

이처럼 대상을 선택하는 중요한 부분이 임의적이라는 것은 많은 점을 시사한다. 우선 각자 취급할 대상을 주관적인 판단으로 선택할 수 있다. 따라서 세심한

주의와 계획적인 방법으로 선택의 범위를 좁혀나가야 한다. 이에 대한 지침서 가운데 중에는 로크의 〈오성의 가르침에 대하여〉가 그나마 제일 낫다.

그렇다고 해서 대상에 관한 사상이 항상 임의대로 표현된다는 뜻은 아니다. 우리가 할 수 있는 최선의 선택은 모든 무익하고 어리석은 일상적인 사유의 반복을 차단함으로써 모든 거짓과 어리석음을 방지하고, 정당한 사유를 거친 사상을 위해 길을 열어주는 것뿐이다. 그러므로 자신만의 위대한 사상을 꿈꾸는 자라면, 먼저 무미건조한 사유에 빠지지 않는 것이 중요하다.

인간이 할 수 있는 유일한 선택은 사유체계의 한 부분을 비워놓고, 그곳에 사상이 깃들 때까지 기다리는 것밖에 없다. 그러므로 한가한 시간에 독서를 하는 것보다는 머리를 식히는 휴식에 매진해야 한다. 아무리 짧은 휴식일지라도 머릿속에 약간의 공간을 만들 수 있다. 그리고 아무리 작은 공간일지라도 사상은 얼마든지 움틀 수 있다. 리머가 괴테에 대해 쓴 글 중에 이런 구절이 있다. "독특한 철학은 관찰과 경험에서 비롯된다. 앉아 있을 때 철학이 만들어진 예는 극히 드물다."

쇼펜하우어, 나를 깨우다

나의 경험에 비추어볼 때 자극적인 가치를 지니는 철학의 경우 외적인 조건보다는 내적인 조건이 결과로 작용하는 때가 훨씬 많았다. 고유한 사상은 각기 다른 대상과 얽혀 한꺼번에 발생하므로 서로 중복되고 침식당하는 경우가 많다. 마치 두 마리 닭을 동시에 쫓는 듯한 느낌을 주는 것이다. 이를 정화하고 분류하는 내면의 활동이야말로 철학의 진정한 모습인지도 모른다.

감각은
진리를 담아낼 수 있는가

Arthur Schopenhauer

    인간의 감각이 철학적 사고를 하는 데 어느 정도 적합하지 못한지, 실재론처럼 완벽한 증거를 제시하는 논리도 드물다. 데카르트 이후 인간의 인지능력에 대해 많은 이론이 제기되었지만, 관념론에 대항하는 실재론이 등장하면서 물체가 인간의 표상 속에만 존재하는 것이 아니라 실제로도 현존할 수 있다는 단순한 주장이 제기되고 있는 것이다. 즉 물체는 인간이 인식할 때만 존재하는 것이 아니라 인간의 의식과 상관없이 스스로 존재한다는 주장이다. 그러나 이 주장에서 한 가지 유념할 것은, 물체의 실재성이란 어떤 물체의 존재 방식과 양태를 말하는 것으로서 이는 존재가 포함된 모든 성질과 더불어 외부적인 관찰로는 문제를 제기할 수 없다는 점이다.

이 같은 실재성은 우리가 주장하는 것처럼 표상에서만 존재할 수 있으며, 실제적인 표상의 외부세계에서는 파악할 수 없다. 실재성은 표상의 연관관계가 지니는 필연적 질서 외에는 아무런 의미도 가질 수 없기 때문이다. 초기 관념론자들, 특히 그중에서도 버클리가 여러 가지 사례들을 동원해 설명한 바 있지만, 우리는 칸트를 통해 비로소 아주 근원적인 하나의 신념을 갖게 되었다. 칸트는 하나의 사실을 발견했을 때 간단히 처리해버리지 않고, 내적인 근본 원인을 추구하여 선천적인 성질과 경험적 요소를 폭넓게 고려했다. 그러나 세계가 다분히 관념적이라는 것을 깨달은 사람에겐 이 세계가 겉으로 드러나지 않은 순간에도 역시 존재하고 있다는 주장은 무의미할 뿐이다. 정반대의 사실을 보여줌으로써 세계가 현존한다는 주장은 세계가 겉으로 드러나 있다는 사실 외엔 아무것도 의미하지 않기 때문이다.

　세계의 존재 자체는 주관적인 표출이다. 이 사실을 통해 우리는 세계가 객관적이라고 말할 수 있다. 브라만교와 불교처럼 더욱 고상하고 전통적이며, 훌륭한 종교 역시 관념론을 교리로 채택하고 있으며, 신도들에게 관념론을 승인하라고 요청하고 있다. 이에 반해 유대교는 사실을 기반으로 실재론을 신봉하고 있다.

　피히테에 의해 시작되었고, 그 후 여러 철학자들이 자신의 철학적 전제로 받아들인 '나'라는 것은 명사적인 표현법과 제시된 기술을 통해 본래 주관적인 사실을 객관적으로 바꾸는 데 성공했다. 원래 '나'는 절대적 주관이며 결코 객관이 될 수 없는 현상이다. '나'는 인식하는 것과 인식되는 것의 대립을 인식하는 주체이며, 모든 인식의 조건이기 때문이다. 그래서 모든 언어는 '나'를 명사적 어법으로 취급하지 않는다. 그런데 피히테는 자신의 철학적 입장을 사람들에게 납득시키기 위해 이처럼 무리수를 감행했다. 피히테가 저지른 또 다른 속임수는 '정립定立'이란 단어를 함부로 사용하며, 파렴치한 오류를 수없이 자행했다는 점이다.

이 정립이라는 단어는 피히테가 사용한 이후 오늘날까지도 모든 사이비 철학자들이 자신 외엔 설명할 수 없는 엉터리 논리에 대한 면죄부처럼 사용하고 있다. 정립이란 오랜 옛날부터 순수한 논리적 표현을 일컫는 단어였는데, 주로 학술적 토론이나 일상적인 논쟁을 시작하기에 앞서 논리적 연관에 대한 승인으로서 그 형식과 타당성을 일시적으로 인정해줄 때 사용했다. 그러나 이처럼 일시적으로 승인되는 논리적 연관성은 어디까지나 전제에 불과할 뿐, 그 내용이 참이라든가, 승인된 논리적 연관성이 참이라는 뜻은 아니다. 즉 정립이란, 논쟁의 전제로서 논쟁이 끝날때까지 어떤 조건을 잠정적으로 인정하는 것이며, 그 조건을 논쟁의 결과로 인정한다는 뜻은 결코 아니다.

그러나 피히테의 경우 이 같은 정립을 하나의 실재하는 조건으로서, 다시 말해 논쟁의 전제가 아닌 명제처럼 모호한 의미를 부여했던 것이다. 그리고 피히테의 정립을 인정하는 부류들은 대개 어리석은 바보들이었으며, 특히 궤변론자들이 이 같은 정의에 대해 환호했다.

"자아는 우선 자기 자신에 대해 정립한 후 다른 사물에 대해 정립할 수 있다"라는 문장을 예로 들어보자. 이 문장에서 사용된 정립은 창조와 생산을 의미한다. 즉 존재의 근본 원리에 대한 함축이다. 이때 중요한 것은 정립이라는 단어만으로는 창조와 생산에 필요한 과정을 독자가 이해할 수 없다는 점이다. 아무런 근거 없이 본래 존재했던 것처럼 우선 인정하는 것이 바로 정립이며, 이 조건이 정립된 이후 이를 통해 완전한 실재적 성격을 포함하는 진리를 도출해내는 것이 철학의 정당한 방법이다. 이에 반해 칸트에서 시작되어 피히테에 이르러 완성된 철학은 필연적으로 인정될 수밖에 없는 정립에 대해 그것이 인정되었다는 이유만으로 마치 본래부터 사실이었던 것처럼 실재성을 부여한다.

시간은 흐르지 않는다,
우리가 만들어낸 개념일 뿐

Arthur Schopenhauer

    칸트가 밝혀낸 시간의 관념성, 즉 시간이 사물에 속하는 외재적外在的 현상이 아닌, 인식의 주관에 속하는 내재적 현상이라는 사실은 본래 '관성의 법칙'이라는 역학의 일부였다. 이 관성의 법칙은 순수 시간만으로는 아무런 물리적 작용도 일으킬 수 없다고 주장하는데, 이는 근본적으로 칸트의 시간 개념과 상응하는 이론이다. 즉 시간은 스스로의 힘만으로 물체의 정지 상태나 운동 상태에 아무런 영향도 미칠 수 없다.

    이와 같은 현상을 통해 우리는 시간이 형이하학적

인 실재가 아니라 선험적 관념이라는 사실을 깨닫게 된다. 이처럼 시간의 근원은 사물이 아니라 개인의 주관적인 인식이다. 만약 시간의 본성이 어떤 특수한 환경에 의해 사물화될 수 있다면, 또는 우연에 의해 사물이 될 수 있다면 마땅히 시간의 흐름에 따라 사물은 변화해야 한다. 그러나 이 같은 변화는 현존하는 세계에서 사실상 불가능하다. 오히려 시간은 사물의 주변을 무심히 흐를 뿐 흔적조차 남기지 않는다. 그 이유는 시간의 경과를 통해 확인되는 것은 원인인데, 시간이 실질적인 현상처럼 보이는 까닭은 이 같은 원인이 존재하기 때문이다.

그러나 시간의 경과에 의해 실질적인 원인이 발생했다고 해서 시간의 경과가 실질적이라고는 말할 수 없다. 그러므로 어떤 물체가 화학작용이라는 원인에서 자유로울 수 있다면, 천년이라는 시간이 경과되어도 그 물체는 아무런 변화도 겪지 않는다는 결론을 내릴 수 있다. 빙하에 갇힌 매머드, 호박琥珀 속의 모기, 완벽하게 건조된 공기에 노출된 귀금속, 고대 이집트의 미라 등이 그 예이다. 이처럼 시간의 절대적인 비실질성은 역학을 통해 이미 관성의 법칙으로 나타났다. 만일 어떤 물체가 움직임을 받아들였다면 어떤 시간도 그 물체에서 운동을 박탈할 수 없으며, 운동을 감소시킬 수도 없다.

운동에 대한 반작용을 존재케 하는 물리적 원인이 발생하지 않는 한 논리적으로 한번 시작된 운동은 영원한 것이다. 마치 정지된 물체가 물체를 움직이는 데 필요한 물리적 원인이 추가되지 않는 한 영원히 움직이지 않는 것과 마찬가지다. 우리는 이 같은 사실에서 다음과 같은 이론을 발견할 수 있다. 시간은 물체와 무관하다는 것, 그리고 시간에는 물체에 포함된 실재성이 결여되어 있기 때문에 시간과 물체는 서로 이질적이라는 점이다. 따라서 시간은 존재하는 물체와 달리 절대적인 관념인 것이다. 즉 시간은 실존하는 표상에 속하거나, 표상의 도구가 될 수 있을 뿐이다. 반면에 물체는 자신의 다양한 성질과 그 작용을 통해 관념적일 뿐 아니라 객관적인 실재로서 본질 그 자체가 될 수 있다. 이렇듯 물체의 본질은 자신에 포함된 성질로 인해 발생한 현상과는 엄연히 구별된다.

운동은 바로 그 시간과 공간에서 얽어지는 요소가 결합된 운동학적 현상이다. 즉 운동은 시간과 공간이 존재해야만 성립될 수 있다. 시간과 공간 같은 질료質料는 가변적이며, 사물의 본질이 객관화된 것이다. 그러나 실상 질료와 운동은 절대적으로 무관하다. 이 같은 무관함 때문에 질료는 운동과 정지에 상관없이 한번 정해진 상태를 지속하게 된다. 질료가 운동 상태를 받아들이게 되면 한없이 운동을 계속하게 되고, 정지 상태를 받아들이게 되면 끝없이 멈춰 있는 것이다.

　이처럼 질료가 운동 및 정지와 무관하다는 것은 사물의 본질, 즉 물자체가 시간과 공간에 포함되지 않으며, 시간과 공간에 의해 형성되는 운동과 정지의 대립 또한 물자체와는 전혀 상관이 없다는 의미로 해석할 수 있다. 오히려 물자체에게 시간, 공간, 운동, 정지와 같은 질료는 아주 생소한 조건이다. 왜냐하면 시간과 공간의 경우 현존하는 세계에서 발생한 조건이 아니라, 현존하는 세계를 파악하는 인간의 지성에 의해 현존하는 세계에 주어진 조건이기 때문이다. 따라서 시간과 공간은 지성의 한 형식이며, 지성의 일부라고 할 수 있다.

만약 위에 언급한 관성의 법칙을 더욱 자세히 알고 싶다면, 지금 즉시 자신이 이 세계의 경계, 즉 진공을 향해 권총을 쏘았다고 가정해보자. 내가 쏜 총알은 방향을 바꾸지 않고 영원히 동일한 방향으로 날아갈 것이다. 수백만 년이 지나도 이 총알은 조금도 지치지 않을 것이고, 시간은 한없는 조건으로 총알의 운동에 필요한 환경을 제공해줄 것이다.

그러나 이 같은 가설이 실제로는 불가능하다는 사실을 우리는 모두 알고 있다. 이론적으로는 참이지만 현상계現象界에서는 오류이다. 단지 왜 이 같은 이론이 현상계에서 오류로 작동하는지 그 이유를 해명할 수 없을 뿐이다. 우리는 이를 통해 인간에겐 시간과 공간의 역할에 대한 선천적인 경험이 존재한다는 사실을 깨닫게 된다. 나는 이 선험적 관념성이야말로 인간의 지성을 차지하는 부분 중 가장 민감하다고 확신한다.

시간에 대한 이상과 같은 관찰과 더불어 공간도 이와 유사한 방법으로 관찰해본다면, 결국 다음과 같은 사실과 맞닥뜨리게 될 것이다. 어떤 운동의 조건으로 작용하는 질료를 아무리 분할해도, 또는 공간적으로 무수히 되풀이해도 결국 수량에는 변화가 생기지 않는다는 점이다. 그러므로 절대적 공간에서 시작되는 정지와 직선운동은 시간과 공간으로 구성된 운동법칙이라고 볼 수 있다.

시간도 관념의 일부라는 칸트의 이론은 고대의 많은 철학자들의 예지 속에서도 쉽게 확인할 수 있는 사상이다. 이에 대해서는 이미 다른 저술을 통해 충분히 기술한 바 있다. 스피노자는 이 같은 사상에 대해 솔직하게 털어놓았다. "시간은 사물을 규정하는 성질이 아니다. 단지 사상의 양태樣態일 뿐이다."

시간이 관념의 일부라는 사상은 오랜 옛날부터 존재했던 '영원'에서 비롯되었다. 영원이란 본질적으로 시간에 대응하는 개념이다. 따라서 조금만 관찰력이 예민한 사람이라면 누구든지 언제라도 이 같은 개념을 파악할 수 있었다. 그들이 이렇게 영원이라는 개념을 파악할 수 있었던 까닭은 시간이 단지 인간의 지성에서만 존재할 수 있을 뿐, 사물의 본질로 자리잡을 수는 없다고 생각했기 때문이다. 그런데 시간이 지날수록 인간은 본래의 예민한 판단력을 상실했고, 주위 환경에 자신을 적응시키는 어리석음을 유감 없이 발휘했다. 그 결과 오늘날 대부분의 사람들은 영원이 무한한 시간만을 가리킨다고 생각하게 되었다. 이 같은 인간의 어리석음을 가장 완벽하게 구현한 사람들이 바로 스콜라 철학자들이며, 그들은 당당하게 말했다. "영원이란 끝없는 연속이 아닌 지속하는 현재이다." 이밖에도 플라톤 역시 《티마이오스》에서 "시간은 영원이 움직이는 모습이다"고 일갈했으며, 철학자 플로티노스 또한 이와 비슷한 말을 남겼다.

이들의 생각이 옳다면 우리는 시간을 펼쳐진 영원이라고 표현해야 할 것이다. 영원이 존재하지 않으면 시간도 존재할 수 없다는 주장과, 우리 자신이 영원에 속해 있기에 지성이 시간을 만들어낼 수 있었다는 주장 역시 위의 사상을 토대로 제기되었다. 그리고 이 사상을 집대성한 칸트 이후 '시간 외의 존재'라는 개념이 철학에 도입되었다. 그러나 우리는 이 개념을 사용하는 데 있어 무척 신중하게 판단해야 한다. 그 이유는 '시간 외의 존재'라는 개념은 주관적인 사고체계에 의해서만 가능할 뿐, 직관을 통해 확보되거나 실현될 수 없기 때문이다.

시간이 순수한 어떤 외적인 개념, 객관적인 개념, 인간의 감각을 통해 지각이 가능한 사물적 개념이라는 이론을 이해할 수 있다면 장소에 구애받지 않고, 모든 사람의 머릿속에서 시간이 동일한 속도로 진행하고 있다는 사실을 아주 쉽게 파악할 수 있을 것이다. 그러나 시간은 물체처럼 외적인 개념이 아니기 때문에 감각을 통해 지각할 수 없다. 우리는 실제로 시간이라는 사물을 만지거나 볼 수 없다.

게다가 시간은 물체의 단순한 움직임이나, 그 밖의 변화를 일컫는 용어도 아니다. 시간은 어디까지나 움직임의 전제 조건이다. 시계는 너무 빠르거나 너무 느리다. 그렇다고 시계의 움직임이 시간의 본질이라고는 말할 수 없다. 시계는 시간을 감지할 수 없는 인간의 지각을 위해 만들어진 표준적인 수행이기 때문이다.

이처럼 시계라는 사물은 시간을 측정하는 도구일 뿐 시간을 만들어내는 운동은 아니다. 예를 들어 지구상의 모든 시계가 멈춰버릴지라도, 또는 태양이 더 이상 운동할 수 없게 된다든지, 혹은 사물이 더 이상 변화하지 않는다고 가정하더라도 시간은 진행을 계속할 것이며 변화를 동반하지 않고 계속 흘러갈 것이다. 이런 경우에도 앞서 언급했듯이 시간에 대한 인간의 지각은 여전히 불가능할 것이며, 외적으로 주어진 개념처럼 우리에게 주입되지 못할 것이다. 즉 어떤 경우에도 시간은 객관화될 수 없다. 이제 남은 것은, 시간이란 인간의 내부에 숨겨진 본래적 자각이며, 끝없이 진행되는 지능의 결과라는 이론뿐이다.

    시간은 칸트의 말처럼 내적 감성의 한 형식이고, 표상의 또 다른 모습이라고 할 수 있다. 이 세계를 무대에 비유한다면, 시간이야말로 무대의 기초가 되는 골격인 셈이다. 쉽게 말해 가설극장의 나무로 만든 밑바닥과 같다. 이처럼 시간이 모든 인간의 머릿속에서 균일하게 진행된다는 사실은 우리들 인간이 동일한 꿈을 꾸고 있다는 반증이며, 꿈이야말로 인간의 유일한 본질임을 실증해주고 있다. 다만 시간이 아주 당연한 이치처럼 여겨지기 때문에 인간은 시간을 의식하지 못한 채 오히려 경험으로 인식하는 시간의 변화를 본질적 시간과 혼동하게 되는 것이다. 그러므로 본질적 시간을 관찰하고, 검토해보는 것만으로도 자신의 철학적 발전을 위한 계기를 마련할 수 있다.

볼 수도 없고 들을 수도 없지만, 모든 것이 실제로 존재하기 위해 가장 필요한 것은 과연 무엇일까? 어떤 운동도 그 진행을 단 1초라도 저지할 수 없고, 사람들이 주어진 시간 안에 일을 끝마치기 위해 사물의 변화를 촉진시키듯 더 빨리 진행시킬 수도 없는 일관된 균일성은 과연 무엇일까?

이 질문에 대한 답변은 독자들도 예상했듯이 바로 시간이다. 시간은 어느새 당연한 진리로 우리 곁에 머물고 있으며, 독자 중 극소수의 사람들을 제외하곤 위의 질문들을 통해 시간의 본질을 규명하려는 시도를 생각조차 하지 않았을 것이다. 이처럼 시간은 우리가 인식할 수 있는 모든 존재의 전제이다. 우리는 이 전제를 통해 지성의 형식이 인식하는 도구임을 깨닫는다. 공간과 시간이라는 인식 도구 덕분에 사물이라는 특정 개념이 존재할 수 있는 것이다. 그러므로 시간은 시간에 근거를 두고 있는 모든 존재의 설명인 동시에 인간의 두뇌처럼 상황에 따라서는 인식의 도구인 관념이 되는 것이다.

공간에 대한 증명 역시 이와 유사하다. 만약 내가 이 세계를 뒤로 하고 멀리 떠나버린다 해도 나는 결코 공간을 벗어난 것은 아니다. 어디를 가든지 나는 공간에 머무를 수 밖에 없는데, 그 이유는 공간이라는 개념이 나의 지성에 의해 인식되었으며, 나의 두개골 속에서 객관화된 표상을 만드는 기계의 일부로 작용하고 있기 때문이다.

칸트의 대표작인 《순수이성비판》의 기초를 이루는 위와 같은 양의 관찰이 전제되지 않는 상황에서 진정한 의미의 형이상학적인 발전은 기대할 수 없다. 따라서 궤변론자들의 논리에서 우리가 소중히 여겨야 할 것은 단 한 가지도 존재하지 않는다. 그들은 이 같은 관찰을 배척하는 대신, 동일 체계나 온갖 형태의 논리적 모순을 대치시키고자 맹목적으로 결론을 남발한다.

시간은 우리의 인식을 위해 선험적으로 주어지는 형식일 뿐 아니라 인식의 성립에 필수적인 기반이며 근거이기도 하다. 시간은 우리가 확인할 수 있는 모든 세계를 구성하는 첫 번째 밧줄이며, 인간의 직관적 파악을 가능케 하는 가장 핵심적인 뿌리이다. 조건 충족의 다른 형식들은 대부분 시간이라는 형식을 모방한 데 지나지 않는다. 즉 시간이야말로 모든 형식의 원형인 셈이다. 그러므로 우리가 보유하고 있는 현실적 존재나 실재적인 표상들을 시간과 분리시킬 수 있다는 주장은 모두 거짓이다. 인간이 맞닥뜨리게 될 모든 인과관계에서 해결의 열쇠는 언제나 시간이다. '언제'가 '어디'보다 더 중요하다는 뜻이다. 시간이 인과관계를 해결하는 열쇠가 된다는 말은, 우리가 어떤 현상을 파악할 때 현상의 전제로 작용한 시간을 인식함으로써 모든 관계가 단순해진다는 의미로 해석할 수 있다.

시간은 우리가 미래의 어떤 현상으로 파악한 조건이 현재에는 결코 존재하지 않는 것처럼 보이게 만드는 지성의 한계 설정이다. 그리고 이 한계 설정은 미래가 현재의 시간에 닿는 순간 사라져버린다. 우리가 간혹 꿈을 통해 미래를 체험하거나, 앞날을 예견하는 투시 능력을 발휘할 수 있는 까닭은 시간이 안고 있는 한계 설정이 순간적으로 잠시 배제되면서 미래의 어떤 특정한 조건이 현재의 상황처럼 직관에 감지되기 때문이다.

이를 통해 우리는 다음과 같은 사실을 추론할 수 있다. 지난날 많은 사람들이 자신들과 달리 시간의 한계 설정에 지배를 받지 않는 선각자들의 예언을 무마시키려고 갖은 모략과 방법을 동원한 전례가 있다. 그러나 이 시도는 논리적으로 아무리 완벽할지라도 매번 실패할 수밖에 없었다. 왜냐하면 선각자의 예언 속에는 어리석은 무리들의 행동 또한 포함되었기 때문이다. 이처럼 어떤 특별한 지각 능력에 의해 시간의 한계 설정에 구속당하지 않는 사람들에겐 미래의 어느 순간이 언젠가 도래할 가능성이 아닌 현실과 동일한 실재성을 띠고 있는 것이다. 마치 우리가 눈앞의 사물을 있는 그대로 지각하는 것처럼 그들에겐 미래 또한 현재의 순간처럼 변하지 않는 사실인 것이다.

원인과 결과를 통해 증명되는 특정 현상의 필연성, 다시 말해 순차적인 시간의 흐름에 의해 드러나는 현상들은 우리가 시간이라는 형식을 이용해 불변적인 존재를 지각하는 하나의 방식일 뿐이다. 또한 이 필연성은 우리와 동일하게 진행될 수 없기 때문에 필연적으로 존재하는 현상에 대해 우리는 오늘을 미래로, 내일을 현재로, 어제를 과거로 인식하게 된다. 즉 시간에 대해 내 삶의 속성과 일치하는 동일한 조건, 또는 결코 변하지 않는 지속적 현상이라고는 말할 수 없다. 유기체가 자신의 존재를 통해 추구하는 합당한 목적 속에는 분명 객관화된 의지가 포함된다. 그러나 공간에 얽매여 있는 존재의 부분들까지 객관화된 의지의 영향을 받는다고 주장할 수는 없다. 다만 의지가 미치지 않는 부분에 대해서는 다양성을 인정해 제각각 추구하는 목적을 조율하는 것은 가능하다.

이처럼 현상의 인과 과정을 통해 생성된 필연성은 현상 속에서 객관화되는 본질 그 자체라고 말할 수 있다. 그런데 이 같은 본질이 시간에 얽매여 있는 한 우리는 과거와 현재, 미래라는 설정에 의해서만 이를 파악할 수 있다. 그러나 설정에 지배를 받는 것은 인간의 인식일 뿐, 본질은 여전히 끝없이 지속되는 순간을 통해 존재하는 것이다.

간혹 인간이 꿈을 통해 미래를 경험하는 것 같은

착각을 느낄 때, 공간적인 난관은 시간적인 난관보다 훨씬 쉽게 극복할 수 있다. 즉 꿈속에서는 시간적인 분리보다 공간적인 분리가 더 빠르게 진행되는 것이다. 꿈은 공간의 개념이 존재하지 않는다. 순식간에 지구 반대편을 경험하기도 하고, 한 번도 가 보지 못한 장소를 거닐기도 한다. 칸트의 주장처럼 공간은 외부 감각의 형식이고, 시간은 내부 감각의 형식인지도 모르겠다. 어쨌든 칸트는 시간과 공간이 형식에 의해 선험적으로 직관될 수 있다는 것을 증명했고, 예언적 몽유병은 인간에게 시간과 공간의 한계 설정과 맞설 능력이 있다는 것을 증명했다.

모든 공간은
주관의 투영이다

Arthur Schopenhauer

　공간이 관념이라는 사실을 확인할 수 있는 가장 명쾌하고 간단한 증명은 다음과 같은 내용이다. 즉 인간이 머릿속에서 생각을 지울 수 없듯이, 공간 또한 지울 수 없다는 주장이다. 단지 인간이 할 수 있는 것은 공간을 비워놓는 것뿐이다. 우리는 인식하고 있는 모든 존재들을 공간에서 추방할 수 있다. 또는 행성들 사이의 공간이 텅 비어 있다고 주장할 수도 있다. 다만 공간이라는 개념만큼은 어떤 방법을 동원해서라도 없앨 수가 없는 것이다. 우리가 무엇을 하든지, 또 어디를 가든지 공간은 그곳에 있고, 공간의 끝은 인간이 도달해보지 못한 미지의 영역으로 남아 있다. 이처럼 공간은 우리가 표출할 수 있는 모든 표상의 근거이며, 따라서 표상의 제1조건이라고 할수 있다. 이 사실을 통해 우리는 공간이 지성의 일부이며, 지성에서 분리시킬 수 없다는 것을 알게 된다. 공간은 지성이라는 조직 체계에서 가장 중요한 작용을 담당하는 기초로서 지성을 통해 객관화된 세계를 그려낸다.

어떤 개체든지 인간의 지성을 통해 객관화되기 위해서는 반드시 공간을 필요로 한다. 이처럼 공간은 직관적 지성의 모든 활동 및 추구하는 목적에 필연적으로 수반된다. 마치 코에 걸려 있는 안경이 몸의 움직임과 방향 전환에 의해 움직임을 갖거나, 그림자가 물체를 뒤쫓는 것과 같다. 만일 어떤 현상이 언제, 어디서나 나의 주변에서 동일하게 발견된다면, 나는 이 같은 현상을 나의 일부라고 단정 짓게 될 것이다. 예를 들어 후각이 상황이나 조건이 충족되었을 때만 주어지는 성질이라고 가정해보자. 이것은 사실상 불가능한 가정이다. 후각은 우리가 원해서 얻어진 감각이 아니며, 포기한다고 사라지는 기능이 아니다.

공간도 이와 마찬가지다. 공간이 상황이나 조건이 충족되었을 때만 허락된다면, 인간은 현재와 같이 자신의 주관적인 사고를 객관화된 세계로 표출해내지 못할 것이다. 공간은 처음부터 존재했으며, 앞으로도 사라지지 않는다. 지금까지 설명한 바와 같이 공간이 인간의 지성에 속하는 기능이자 존립의 근거라면, 당연히 공간은 지성처럼 관념으로 존재할 것이다. 그리고 이렇듯 공간이 관념이라면 모든 공간적인 것, 다시 말해 공간을 통해 나타나는 모든 현상도 관념이 된다. 공간을 차지하는 현상이 그 자체로 객관적인 존재일 수는 있어도 그것이 공간적인 한, 즉 어떤 모습과 크기와 움직임을 갖고 있는 한 그것은 주관적인 관념의 제약을 받을 수밖에 없다.

예를 들어 인간이 그토록 정확하고 치밀한 천문학적 계산을 할 수 있는 이유도 인간의 머릿속에 공간이라는 관념이 깔려 있기 때문일 것이다. 인간은 어떤 사물에 대해 그 사물이 본래 어떤 성질이었는가를 인식하지는 못한다. 다만 공간적으로 어떻게 표상될 수 있는가를 인지할 뿐이다. 즉 사물의 본질적인 체계는 인식하지 못한 채 현상적인 세계만을 인식하는 것이다. 이것이 바로 칸트의 가르침이다.

무한한 공간은 인간과 아무런 연관 없이 독립적인 존재로, 다시 말해 절대적인 객관으로, 또는 자체적인 힘만으로 존재한다는 생각(무한한 현상으로서의 공간적 모형이 인간의 시각을 통해 감지된다는 생각)은 그 어떤 무모한 사상보다도 어리석은 논리이다. 그러나 이런 생각도 어떤 의미에서는 함축성을 내포한다고 판단할 수 있다. 그 이유는 공간의 부조리한 성질을 명확히 인식하는 사람은 세계를 단순한 두뇌 현상으로 파악함으로써 이 세계가 일반적인 현상임을 깨닫기 때문이다. 이때 인간의 두뇌 현상은 대뇌의 죽음과 더불어 소멸하고, 현상적인 세계와 전혀 성질이 다른, 사물의 본질적 세계로 환원되는 것이다. 머리가 공간 속에 있다는 생각은 공간이 머릿속에 있다는 사실을 막을 수 없는 것이다.

'내가 만일 다른 세계에서'라고 말했을 때 누군가 '그 다른 세계는 어디에 있는가'라고 묻는다면, 그것은 자신이 무지하다는 증명으로 작용할 수도 있다. '어디에 있는가 라는 질문에 대한 해답은 항상 '이 세상'이기 때문이다. 즉 우리가 감지할 수 있는 이 세계를 제외한 '어디'는 존재할 수 없다.

의지의 그림자에 불을 밝히는 것, 지성

Arthur Schopenhauer

　외부의 물질 세계에서 빛과 동일한 역할을 담당하는 것은 의식의 내적인 세계를 관할하는 지성이다. 왜냐하면 지성과 개인의 의지 및 객관적 의지(유기적 생명체) 사이의 관계는, 빛이 빛을 생성하는 가연성 물체와 산소 사이에 존재하는 관계와 거의 유사하기 때문이다.

　의지는 지성보다 본질적이고 일차적이다. 지성의 활동 결과 의지가 발생하는 것이 아니라 의지, 즉 욕망이 존재하기 때문에 그 같은 욕망을 충족시키기 위한 수단으로 지성이 발생한다. 그러므로 무엇인가 움켜쥐고 싶다는 욕망이 손으로 나타나고, 어디론가 걷고 싶다는 의지가 발로 나타나며, 무언가를 깨닫고 싶은 의지가 두뇌, 즉 지성으로 나타나는 것이다. 따라서 인간의 육체는 모두 본체이며, 사물의 본질인 의지가 객관화된 것이라고 정의할 수 있다.

물체가 연소되면서 발생하는 연기와 조금이라도 불순물이 적을수록 빛이 더욱 선명해지듯 지성이 더 큰 분별력을 갖기 위해서는 지성의 발생조건인 의지에서 더욱 완전하게 분리되어야 한다. 이를 비유하자면, 생명은 거대한 연소 과정이며, 이 연소 과정에서 발생하는 빛의 발산이 바로 지성이다.

자기 자신을 들여보다가
길을 잃을지도

Arthur Schopenhauer

 인간의 눈은 외부를 인식하기 위해 존재할 뿐, 내부를 인식하기 위해 존재하지는 않는다. 인식도 이와 마찬가지다. 인식하는 사람이 만약 자기 자신을 인식하기 위해 자신의 내면으로 시야를 돌린다면, 칠흑 같은 어둠과 텅 빈 공허를 만나게 될 것이다. 이는 다음과 같은 두 가지 이유 때문이다.

❖ 인식주관은 결코 독립된 힘으로 존재하지도 않고, 물자체도 아니다. 다시 말해 인식주관은 독립적인

개체의 성질을 갖지 못했고, 근원적이고 실체적인 존재의 성질도 타고나지 못했다. 인식주관은 어디까지나 현상일 뿐이며, 의지의 표상인 육체의 제약을 받는 2차적 산물, 즉 우연에 불과하다. 한마디로 정의 내렸을 때 인식주관은 두뇌의 힘을 결집시키는 초점이다. 이에 관해서는 《의지와 표상으로서의 세계》 2권 22장에서 자세히 밝힌 바 있다.

그렇다면 인식주관이 본질적으로 아무것도 아닌 상황에서 인간은 어떻게 해야 자신의 내면을 인식할 수 있을 것인가? 인식주관이 자신의 내부로 시야를 돌릴 때 가장 먼저 발견하는 것은 자신의 본질적 근거인 의지이다. 그러나 이 같은 의지에 대한 인식은 주관을 통한 본래적인 자기 인식이 아닌, 타자를 통한 인식이다.

여기서 타자란 인식되는 현상이며, 이 같은 현상은 시간만을 형식으로 삼을 뿐 외부세계에 존재하는 사물처럼 공간을 형식으로 삼지는 않는다. 그런데 주관은 이런 차이점을 무시한 채 주관적인 의지마저 외부세계의 사물과 동일하게 인식해버린다. 즉 의지의 개별적 행위와 욕망, 감정, 정열 같은 정서적인 관념들을 동일하게 인식하는 것이다.

따라서 주관은 의지를 외부세계에 존재하는 사물처럼 공간의 제약을 통해 인식하지는 않더라도 언제나 현상으로서 인식하게 된다. 그렇더라도 인식주관은 위와 같은 이유로 인해 자기 자신을 인식하지 못한다. 그 이유는 자신에 대해 스스로 인식하고 있다는 사실, 다시 말해 아직 완전히 인식된 것은 아니라는 사실 외에는 아무것도 인식된 사항이 없기 때문이다. 이처럼 인식주관은 인식 외에는 달리 표현될 수 없는 현상이다.

❖ 인간의 내부 의지는 사물의 본질 그 자체이며, 일차적이고 자립적인 존재이다. 그 같은 의지의 현상이 공간적인 직관을 형성하는 두뇌에서 유기체로 나타나는 것이다. 그래도 의지는 자기 자신을 인식하지는 못한다. 의지의 본래적 특징은 욕망에 대한 갈구일 뿐, 인식에 대한 도달은 아니기 때문이다.

따라서 본래적인 의지는 아무것도 인식할 수 없으며, 자기 자신도 인식하지 못한다. 인식은 어떤 경우를 막론하고 2차적인 간접 기능으로 제한된다. 즉 본질과는 아무런 상관관계가 없으며, 직접적인 기능으로 표출될 수도 없다.

세계를 만든 건
두뇌가 아닌 욕망

Arthur Schopenhauer

극히 단순하고 편견이 배제된 자기관찰과 해부학적 성과를 비교해보면, 다음과 같은 결론에 도달하게 된다. 즉 지성이란 개인의 주관에서 벗어난 객관화된 두뇌이며, 이 같은 두뇌는 지성이란 감각과 더불어 외부 자극에 반응하는, 고도로 예민한 감수성이라는 결론에 이른다.

앞서 정리했듯이 지성은 인간의 근원적이고 본래적인 내부의 본질은 아니다. 다시 말해 인간에게 지성은 물과 태양을 향한 식물의 추구와는 엄연히 구별된다. 또는 돌의 중량 및 화학적 운동과도 다르다. 물과 태양을 향한 식물의 추구와 돌의 중량 및 화학적 운동은 인간에게 의지가 조건으로 주어지는 환경과 유사하다고 볼 수 있다. 단지 지성은 우리에게 식물에 대한 외부 영향이나 물리·화학적 자극, 또는 식물의 성장과 번식을 활성화시키거나 저해하는 일종의 감수성인 셈이다.

인간의 경우, 이 같은 감수성이 전반적으로 상당히 발달된 상황이며, 이렇게 발달된 감수성을 통해 객관적인 전체 세계, 즉 표상으로서의 세계가 그 모습을 드러내게 되는 것이다. 그리고 이와 같은 방식으로 세계는 객관적인 근원을 내포하게 된다. 이런 사실을 더욱 구체적으로 증명하기 위해 인간이 소속된 동물적 존재가 포함되지 않은 세계를 가정해보자. 이럴 경우 세계는 자각되지 않는 한 객관적으로 존재할 수 없게 된다. 이처럼 세계가 자각되지 않았음에도 불구하고 객관적인 존재들의 생성은 가능하다.

이번에는 몇 개의 식물들이 서로 한 뼘이라도 더 넓은 공간을 차지하기 위해 밀고 당기며 새싹을 틔웠다고 가정해보자. 잠시 후 이 식물들 위로 여러 가지 작용이 일어날 것이다. 공기, 바람, 식물 상호 간에 주고받는 압력, 습기, 추위, 빛, 더위 등이 작용하게 될 것이다. 이제 이 작용에 대한 식물들의 감각이 점차 발달한다고 가정해보자.

이 감각의 발달, 즉 감수성은 실제적인 감각기능으로 발전하고, 외부의 작용과 작용의 원인을 연관 지을 수 있는 능력이 생겨나며, 이는 곧 자각이 된다. 그리고 바로 이 순간, 세계가 시간과 공간, 그리고 인과적 형식을 선택하면서 현실적인 존재가 되는 것이다. 하지만 이 경우에도 식물의 감수성에 대한 외부적 영향의 결과는 여전히 남아 있다. 이처럼 은유적인 고찰은 외부세계가 단지 현상에 불과하다는 사실을 파악하는 데 아주 적합한 방법이다.

이 고찰을 통해 우리는 다음과 같이 주장할 수 있다. 즉 외부세계의 작용과 생명의 감수성 사이의 관계에서 비롯되는 직관은 앞서 말한 것처럼 식물에 작용하는 자연력의 진정한 객관적, 내적, 근원적 성질이 표출된 것이며, 이것이야말로 우리가 물자체를 제대로 인식할 수 있는 증명이라고 하겠다. 우리는 이를 통해 칸트가 《순수이성비판》에서 증명한 바와 같이 인간 지성의 영역이 왜 그토록 협소한지를 깨닫게 되는 것이다.

이에 반해 물자체, 즉 사물의 본질은 오직 의지뿐이다. 그러므로 의지야말로 표상의 모든 성질을 창조한 원천이라고 할 수 있다. 도덕적인 성질은 생각할 필요도 없이 의지의 책임 아래 우리는 생존하고 있는 것이다. 이밖에도 인식과 인식의 능력, 즉 지성 또한 의지의 표상이라고 정의할 수 있다. 그러므로 지성도 간접적으로는 의지인 것이다.

식견이 좁고 우둔한 인간들이 종종 멸시받는 이유는 적어도 부분적으로는 다음과 같은 사실에서 기인한다고 볼 수 있다. 즉 이런 부류의 인간들은 자신의 의지를 최소화하기 위해 극히 적은 분량의 인식능력만을 보유하고 있기 때문이다.

최고의 철학자는
다른 어떤 분야에도 눈길을 주지 않는다

Arthur Schopenhauer

내가 《의지와 표상으로서의 세계》 1권 14장에서 언급했듯이 모든 증명은 직관적이며, 사물에 관한 참된 이해도 직관적이다. 지구상에 존재하는 각 민족의 언어들을 살펴보면, 추상적인 사물에 대한 은유적 표현의 경우 다분히 직관에 의존하고 있음을 알 수 있다. 이처럼 어떤 사상에 관한 추상적 개념만으로는 그 사상에 대해 구체적인 이해를 끌어낼 수 없다.

추상적 개념이란 단지 많은 사람들이 어떤 사상을 일컫는 일종의 표현에 지나지 않으며, 사상의 구체적인 이해가 아닌 사용을 위해 존재한다. 사실 대부분의 사람들은 어떤 특정한 사상을 활용하는 데 이 같은 개념조차 필요로 하지 않으며, 자신들이 습득한 단순한 언어로 이를 구체화시키기도 한다. 그러나 어떤 개념에 대한 실질적인 이해를 위해서는 다음과 같은 것들이 요구된다.

즉 그 같은 개념을 직관적으로 파악해야 하며, 개념이 도출되는 명백한 현상을 이해하는 동시에 개념의 실재성 또한 인정해야 하고, 그렇지 못할 경우에만 상상력을 동원해 필요한 현상을 추론해내야 하는 것이다. 한 번의 이해로는 전체를 파악하는 것이 불가능할 정도로 복잡하고 비대한 개념을 이해해야 할 때는 이를 각 항목별로 세분화하거나, 가장 대표적인 항목을 직관적으로 판단하는 수법을 활용한다. 이마저도 불가능할 경우에는 다른 대체 현상과 비교를 통해 간접적으로라도 기본 원리를 파악하는 것이 좋다. 이때 파악할 수 있는 능력이 바로 직관이다. 이처럼 직관은 인식의 기반이라고 표현할 수 있다.

이 같은 사실은 우리가 높은 단위의 숫자나 천문

학적으로 멀리 떨어져 있는 어떤 지점에 대해 추상적으로 생각하는 것은 가능하지만 직접적으로 이해할 수는 없으며, 이에 관계되는 어떤 개념만을 추론해낼 수 있다는 점에서도 분명히 드러난다.

철학자는 직관적 인식이라는 샘에서 객관적 지식이라는 물을 길어 올리는 사람이다. 그러므로 철학자는 언제, 어느 때를 막론하고 사물의 본질과 자연, 세계, 생명을 주목해야 하며, 책을 자신의 사유를 이끄는 교본으로 삼는 대신 자연과 세계를 진정한 길잡이로 받아들여야 한다. 또한 이들 사물과 자연, 세계, 생명체에 이미 적용되고 있는 개념들을 시험해보고 검사해봐야 하며, 책은 인식의 근원이 아니라 인식의 보조 도구임을 항상 명심해야 한다. 책에 실린 지식은 나를 통해 생성된 것이 아니라 저자의 숨결을 통해 완성된 지식이기 때문이다. 다시 말해 독서는 자발적 참여가 아닌 강제적 참여이며, 어느 정도 와전된 세계라는 점을 기억해야 한다.

책은 어디까지나 실물, 즉 세계의 재현再現이고 모사模寫일 뿐이다. 그런데 여기서 한 가지 더 명심할 것은 이 같은 재현에 필요한 거울이 완벽하게 깨끗한 경우는 거의 없다는 점이다. 실재적인 자연은 결코 거짓을 모른다. 자연을 통해 모든 진리는 비로소 진리가 될 수 있으며, 그로 인해 철학자는 자연을 연구해야 할 의무를 지게 된다. 철학자가 철학의 문제로 삼게 되는 것은 결국 자연의 위대한 진행이며, 이것이 자연의 본성과 근본적 성질에 관한 연구가 된다.

이를 통해 철학자는 본질적이고 일반적인 현상, 즉 언제나 존재하고, 어디에나 존재하는 자연의 질서를 관찰의 대상으로 인식하게 되는 것이다. 반면에 특수하고 이질적이며 소수에 불과한 현미경적 현상에 대해서는 자연과학자, 동물학자, 역사학자에게 양보해야 한다. 철학자의 관심은 좀 더 중요한 곳을 향하는 것이 바람직하기 때문이다.

그렇다면 철학자의 관심은 무엇인가? 그것은 이 세계이며, 본질이자 근본으로 작용하는 진리이다. 그러므로 철학자는 개별적인 현상과 부분적 현상을 동시에 파악할 수는 없다. 마치 높은 산의 정상에서 들판을 내려다보는 사람이 계곡에서 자라는 모든 식물을 동시에 관찰할 수 없는 것과 마찬가지다. 이런 세부적인 관찰은 계곡을 배회하는 식물학자의 몫이다.

이 때문에 철학자에게 요구되는 가장 중요한 자세는 현재 자신이 몸담고 있는 학문에 모든 정열을 기울일 것과 그 외의 다른 학문에 대해서는 냉담해지라는 것이다. 우리가 몸담고 있는 철학은 다른 학문에 대한 무지를 통해서만이 가장 완벽한 탐구적 조건이 갖춰지기 때문이다. 마치 한 여인과 결혼한 남성에게는 아내가 아닌 다른 여인들과는 그 어떤 작은 관계도 용납되지 않는 것과 같다. 그러므로 최고의 철학자는 다른 어떤 분야에도 눈길을 주지 않는다. 그 이유는 그의 지적 호기심이 오직 전체에 관한 통찰에 머무르고 있기 때문이다.

철학자에게 어울리는 것은 지휘와 통솔이다. 우리는 일반 사병이 될 수도 없고, 되어서도 안 된다. 우리는 일개 연주자가 아닌 지휘자이기 때문이다. 더구나 진정한 철학자의 경우 전체 사물 중 특수한 분야를 연구하는 데 만족하거나, 사물과 사물 사이에 놓인 관계에 흥미를 느낀 나머지 사물의 본을 간과한다는 것은 있을 수 없는 일이다. 철학자의 유일한 관심은 이 세계의 근간이 되는 본질들의 구도이다. 그의 노력은 사물 전체와 세계의 본질을 규명하는 밑바탕으로 작용하게 될 것이며, 따라서 어떤 세부적인 부분까지 명확히 밝혀내기 위해 그의 삶을 희생시킬 이유가 없다.

Arthur Schopenhauer

쇼펜하우어, 나를 깨우다

초판 1쇄 발행 2025년 8월 13일
초판 2쇄 발행 2025년 9월 24일

지은이 아르투어 쇼펜하우어
편역자 김욱
펴낸이 김선욱

마케팅 김하늘, 최명열

펴낸곳 ㈜레디투다이브 **출판등록** 2024년 10월 18일 제2024-000132호

ISBN 979-11-989991-9-1 (03100)

- 책값은 뒤표지에 있습니다.
- 파본은 구입하신 서점에서 교환해드립니다.
- 이 책은 저작권법에 의하여 보호를 받는 저작물이므로 무단 전재와 복제를 금합니다.

> ㈜레디투다이브는 독자 여러분의 책에 관한 아이디어와 원고 투고를 기다리고 있습니다. 책 출간을 원하시는 분은 이메일 master@readytodive.kr로 간단한 개요와 취지, 연락처 등을 보내주세요.